如果员工不听话

陈立龙 张戴金 著

江西人民出版社
Jiangxi People's Publishing House
全 国 百 佳 出 版 社

图书在版编目(CIP)数据

如果员工不听话/陈立龙,张戴金著.—南昌:
江西人民出版社,2015.4
ISBN 978－7－210－07079－5

Ⅰ.①如… Ⅱ.①陈…②张… Ⅲ.①企业管理－人
事管理 Ⅳ.①F272.92

中国版本图书馆 CIP 数据核字(2015)第 042655 号

如果员工不听话

陈立龙 张戴金 著

江西人民出版社出版发行

地址:江西省南昌市三经路 47 号附 1 号(邮编:330006)

编辑部电话:0791－86898980

发行部电话:0791－86898801

网址:www.jxpph.com

E-mail:jxpph@tom.com web@jxpph.com

2015 年 4 月第 1 版 2015 年 4 月第 1 次印刷

开本:710 毫米×1000 毫米 1/16

印张:15.5

字数:185 千字

ISBN 978－7－210－07079－5

赣版权登字—01—2015—66

版权所有 侵权必究

定价:39.80 元

承印厂:北京画中画印刷有限公司

赣人版图书凡属印刷、装订错误,请随时向承印厂调换

前　言

　　问题员工在各类企业中都有存在，他们总是在不停地制造着各种麻烦：经常性的迟到早退、频繁请假、工作时间心不在焉、当众和领导唱对台戏、私下散播同事谣言、挑拨同事之间的关系等等。他们的存在对于企业就好像一颗毒瘤，如果不能顺利解决，不仅会影响到周围同事的工作态度和工作热情，还有可能对公司的整体运作造成不良影响。因此，问题员工的管理是员工管理乃至企业管理中非常重要的一环。

　　那么面对问题员工，管理者该怎么办？严厉对待？杀一儆百？积极引导？稍作惩戒？其实，虽然都是问题员工，但是每一个问题员工所存在的问题都是不同的，因此解决方法也应该具有针对性。这就要求管理者要能够根据问题员工的具体表现形式，分析出他们行为的根本原因，从而找到解决的方法。而且，问题员工通常性格上较为自我，管理者还必须要掌握一定的沟通和引导技巧，才能事半功倍。

　　《如果员工不听话》在管理问题员工上为广大管理者提供了现实的帮助。书中介绍了60多类问题员工，以真实案例引入具体问题，在深入分析原因的基础上，针对不同类型的问题员工，提出了相应的解决方案。让管理者能够快速掌握管理问题员工的科学方法，有的放矢地加以引导，充分发挥其优势，将负面影响降到最低，最终将问题员工变成优秀人员。

作者

2015 年 3 月

目录

CONTENTS

第一章　如何管理问题员工

如果员工大错不犯、小错不断，怎么办？ / 3

如果员工工作不专心，怎么办？ / 6

如果员工工作拖沓，怎么办？ / 8

如果员工喜欢风言风语，怎么办？ / 13

如果员工总在工作时间聊天，怎么办？ / 17

如果员工经常迟到，怎么办？ / 20

如果员工总是请假，怎么办？ / 23

如果员工在工作时间经常上网，怎么办？ / 25

如果员工在工作期间有过多私人电话，怎么办？ / 27

第二章　如何与员工进行沟通

如果员工对薪酬不满，怎么办？ / 31

如果员工发生办公室恋情，怎么办？ / 35

如果员工情绪反常、无心工作，怎么办？ / 38

如果员工自我防卫心重，不善沟通，怎么办？ / 41

如果员工自私自利，怎么办？ / 44

如果员工性格冲动，怎么办？ / 48

如果员工消极被动，怎么办？ / 51

如果员工得失心强，斤斤计较，怎么办？ / 57

如果员工缺乏合作精神，怎么办？ / 59

1

第三章　如何对待特别的员工

如果员工能力强，不服管理，怎么办？ / 65

如果员工占有大量客户资源，不方便管理，

怎么办？ / 68

如果员工要求加薪，但公司现状不可行，

怎么办？ / 71

如果公司"顶梁柱"突然离职，怎么办？ / 73

如果员工希望继续深造，怎么办？ / 78

如果核心员工离职后又想回来，怎么办？ / 81

如果员工之间的小团体有盘根错节的关系，

怎么办？ / 85

第四章　如何下放权力，培养员工

如果员工工作没有动力，怎么办？ / 93

如果员工感觉自己没有存在感，怎么办？ / 101

如果员工总是抱怨，怎么办？ / 105

如果员工抵触绩效考核，怎么办？ / 108

如果员工吹毛求疵、爱辩论，怎么办？ / 112

第五章　如何以身作则，领导员工

如果员工觉得领导高高在上，怎么办？　/ 117

如果员工越级反映意见，怎么办？　/ 121

如果员工觉得领导不公平，怎么办？　/ 123

如果员工觉得领导没有担当，怎么办？　/ 128

如果员工认为领导不专业，怎么办？　/ 131

如果员工不服领导管理，怎么办？　/ 133

如果员工认为领导言行不一，怎么办？　/ 136

第六章　如何有效惩戒犯错的员工

如果员工吃里扒外，怎么办？　/ 141

如果员工爱打小报告，怎么办？　/ 146

如果员工夸夸其谈，怎么办？　/ 149

如果员工挑拨离间引起纠纷，怎么办？　/ 154

如果员工争强好胜导致矛盾，怎么办？　/ 157

如果员工习惯推卸责任，怎么办？　/ 160

如果员工不把公司财物当回事，怎么办？　/ 165

如果员工泄露公司机密，怎么办？　/ 169

如果员工一味贬低竞争对手以致公司难做，

怎么办？　/ 172

第七章　如何与员工建立良好关系

如果员工因得不到施展而失望，怎么办？ / 179

如果员工蹬鼻子上脸，怎么办？ / 185

如果员工觉得领导不尊重人，怎么办？ / 189

如果员工在背后散播领导谣言，怎么办？ / 193

如果员工对领导存在偏见，怎么办？ / 195

如果领导关心员工却不得法，怎么办？ / 200

第八章　如何管理新员工

如果新员工认为自己名校毕业而不可一世，
怎么办？ / 205

如果新员工因为没有经验陷入自卑，怎么办？ / 208

如果新员工不严格要求自己却期望得到宽容，
怎么办？ / 211

如果新员工进入公司认为培训不合理，怎么办？ / 214

如果新员工不懂工作礼仪，怎么办？ / 218

如果新员工对同事关系不适应，怎么办？ / 222

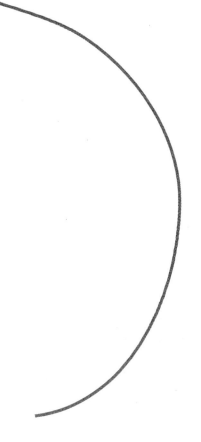

第九章　如何管理兼职员工

如果兼职员工总是催工资，怎么办？ / 227

如果兼职员工签了合同却不按合同办事，

怎么办？ / 233

如果兼职员工受到公司正式员工排挤，怎么办？ / 236

第一章

如何管理问题员工

时间就是生命。对于做学问的人来说，时间是资本；对于从事经济工作的人来说，时间是金钱；对于无聊的人来说，时间是债务……作为公司管理者的你，教会员工在工作的时间做与工作相关的事，是成为一个优秀管理者最基本的能力。

如果员工大错不犯、小错不断，怎么办？ 🔍

>> 【案例】

某大型连锁超市于 2012 年 8 月 5 日聘请了员工刘某担任采购部采购员，双方签订了劳动合同，期限从 2013 年 11 月 1 日起至 2014 年 12 月 31 日止。但是在合同期间，刘某屡次犯错误，不是拿错货，就是点错货，虽然大错没有，但是小错一直在犯。由于并没有给超市造成多大的损失，只是影响不太好，所以超市领导每每都只给予警告，但成效不大，这让超市领导很是头疼。

【支招】

员工一直大错不犯、小错不断，虽然不会导致多大的损失，但是长此以往找不到解决措施，对公司员工职业素质的培养会产生很大的影响，也会给公司带来危害。

1. 建立严格的工作流程

企业要想员工不会出现大错不犯、小错不断这种问题，就要建立严格的工作流程，即对服务、业务等方面的工作流程进行合理化设计。从每一个环节、细节入手，从员工进入工作岗位的第一步到工作结束后的最后一步都应做出严格细致的规定，不论哪个环节出了问题，工作都有可能出

错，这就要求员工必须按规定完成所有工作。这样员工的工作才能做到有章可循、有的放矢。按照此工作流程，就能完成自己的本职工作，员工自然可以尽职尽责，那么管理中会把复杂的问题简单化、简单的问题流程化。如案例中的刘某总是拿错货、点错货，公司完全可以要求刘某制定表格，从需要去哪家公司拿货，货的名称、数量各需要多少，每点完一种就在表格上标注并签名，最后上交给主管，表示此次任务完整而正确地完成。这样建立起严格的工作流程，从细节上要求，对于解决其大错不犯、小错不断的问题及责任心的培养会有质的飞跃。

2. 建立完善的监督制度

如果制定工作流程之后，想要使这个流程发挥其作用，就必须有监督制度。制度是条文性的东西，没人监督制度就形同虚设。企业要实行内外监督两手抓的机制。在企业内部建立和完善监督制度，部门内有专人监督，各部门之间互相监督；在企业外部，作为服务行业，要发挥服务业主的监督作用，让员工的责任心在工作期间时刻处于警惕状态，不敢出现丝毫懈怠。另外，公司的各级管理、监督人员更应该严格遵守公司的规章制度。古人曰"正人先正己"，如果管理人员都对规章制度视而不见，不能以身作则的遵守，那就谈不上去监督管理自己的员工了。在管理刘某的问题上，连锁超市的领导应该让其直属上司加强对他的监督力度，不仅仅是警告而已，而是从根本上加强对刘某的管理。

3. 从思想上进行教育

员工的责任心是出于对工作的热爱和忠诚。一个员工热爱并忠于他的本职工作，就会尽心尽力，发挥自己最大的潜力投入到工作中，会把工作当成是一种需要、一种享受。刘某就是因为责任心不强，对连锁超市的采购工作没有那么热爱，才会导致他不断犯错的问题出现。因此，想要阻断这种问题就要从思想上进行教育，用公司的文化、理念、制度等感化员工，让它们贴近员工、深入人心，这样才能与广大员工达成共识。此外，也需要向员工宣传爱企如家的企业文化，使之在员工心中扎根，让每位员工对自己、对公司产生信心，坚信只要自己变好，公司的明天就会越来越好，即使是一颗小螺丝钉，也是构成公司整体的重要零件。

4. 为员工设计职业生涯

这一点对于员工是非常重要的，也是很多公司容易忽视的。人应该活在希望里，有目标才有动力。企业应该让每位员工都看到希望，让员工在工作中感到温暖。刘某做的是最基层的采购工作，每天重复着机械而枯燥的进货、点货等工作，看不到自己升职的希望，所以才会觉得自己犯错对超市也没有多大的影响，从而一再出现错误。公司可以通过内部培训或外部学习，使员工认识到：公司在为我的人生道路指明方向，我在公司工作一天，不只是为公司创造了一天的效益，也是自己向人生目标又靠近了一步。今天我或许只是公司一名普通的员工，通过公司这段时间的工作，明天我或许就是一名优秀的采购部经理、一名专业的工程技师……即使明天我离开了公司，但在公司工作的这段经历也是可以让我受益终生的。

如果员工工作不专心，怎么办？ 🔍

　　小王是某公司的销售人员，业绩一直名列前茅，可是这次却在公司三个月一次的评估会议上被点名，业绩下滑非常明显，小王很是沮丧。会议结束后，公司领导找小王了解情况，小王向领导坦诚，最近自己也很苦恼，工作其实并不闲，可是不知道怎么的就是注意力不集中，一会儿看看手机，一会儿看看小说，虽说应付工作没有问题，但也仅仅是应付而已，跟以前的一门心思扑在工作上的状态完全不一样。小王说自己也知道这样不好，但就是管不住自己，请求公司领导给支招。公司领导面对曾经得力的干将的苦恼该怎么办？

【支招】 🖊

1. 引导员工的积极性

　　同小王一样，很多员工工作一段时间之后就会陷入疲惫期，工作被动、注意力不集中，这时候就需要公司领导及时关注员工变化，引导员工工作的积极性。领导可以经常鼓励工作积极的员工，包括使用物质奖励等，以此来刺激那些工作消极被动的员工，让他们产生良性竞争的心理，从而积极工作。

2. 设置多劳多得的工资制度

对于员工的工资，应该按照多劳多得、少劳少得的原则来分配，而且要绝对做到一碗水端平，不会有的人工作少而工资多，也不会有的人工作多而工资少。因为这两种情况中无论哪一种，都容易使员工产生懈怠的心理，出现工作不专心的情况。

3. 关心员工心理状态

公司领导每隔一段时间就应该找员工谈一次话，以一个和善的长者、倾听的朋友身份，去真正的关心员工工作上的迷茫、不理解或者难题，然后帮他们指点一二。除此之外，包括家庭、感情等也可以适当关心，但是不要太死板或者问太多，以免给员工打探隐私的压迫感或者八卦的不良感觉，反而造成员工的反感。

如果员工工作拖沓，怎么办？   🔍

李女士是一家报社的主编，需要写一篇重要的评论，因为是关于政治事件的，所以不能出一点差错。她将这个任务布置给了胡先生。胡先生是一位很有才华的新闻编辑，写的稿子很受读者欢迎。李女士告诉胡先生，由于比较着急，所以只能给一天的时间。可是在这里李女士犯了一个错误，胡先生写的稿子虽然很受读者欢迎，但是工作却比较拖沓，属于前期准备工作需要很长时间，不到交稿时间写不完的人。所以，胡先生这次接受任务之后依然如此，但是他忘了此次政治事件的评论文章不是那么好写的，拼命赶出来的稿子立场有问题，根本不能发表。可是，生气和责备又有什么作用呢！看着马上要送印刷厂的报纸小样，李女士只好临时抽掉这篇评论，换了其他的文章。

【支招】

员工工作拖沓对于工作效率而言是致命的，综合此案例来看，为了避免员工工作拖沓，可以从以下几点入手：

1. 对员工进行正确的引导，会抓员工工作的关键点

一个领导可能看上去有很多方面都不如他的员工，既没有相关的知识背景和很高的学历，还缺乏一些专业的技能。那么，他为什么能成为领导呢？因为他有着一项优秀的才能，那就是管理。

优秀的领导不见得要事事亲为，也不见得做事能比员工更好。但是，只要能让员工做好工作、创造业绩，他就是个成功的领导，就出色地完成了自己的本职工作。

领导要懂得放手，要给员工发挥和展示才能的机会，为他们打造通向成功的平台。而且在任用员工之后，领导还要在一旁静观，不要干涉他的工作事务。但是，这并不是说可以放任自流，让员工自己随意地成长，长成什么样就是什么样。事实上，对员工不闻不问的后果与任意干涉同样可怕，它们都可能造成人才的损失和效益的下降，是领导工作之中的两大忌讳。

那么，既要放手，又不能太放手，具体操作起来应该怎么做？这里就要讲到"风筝线"的作用。员工是在天上高高飞翔的风筝，但他无论怎么迎风起舞，都不能挣脱领导的掌控，都要始终按照领导计划的轨迹飞行，这就是管理的效用。具体体现出来，就是要善抓员工工作的关键点。

领导只要会抓关键点，就不用担心员工的工作会脱离正常轨道，朝着错误的方向发展。在这一前提之下，当然可以对员工大胆放手，而不会有任何后顾之忧。就像一个园丁在种植花木时，如果想让它们按照设定的形状生长，就可以在发芽、抽枝等时间去做砍枝、嫁接和修剪，他决不会时时守在花木旁，随时准备给它们来上一刀，无谓地浪费自己的时间和精力。管理也是这样，员工就好比是正在生长的花木，领导就是那位园丁，员工工作的关键点就像花木发芽和抽枝的时间。只要抓牢这些关键点，领导就可以在放手与掌控之间游刃有余，最大化地挖掘员工才能，提高整体效益。

会抓员工工作的关键点，首先要看准时机，要恰到好处。如果员工在工作的关键点出现失误，而员工根本没有察觉，也没有及时地将信息反馈给领导，那造成的后果肯定会对工作的顺利完成产生不利的影响，而且还将会是人力所不能控制和挽回的。

如案例中的李女士，完全可以在布置任务之后的中午和晚上临下班之前两次过问胡先生的工作进度，告诉胡先生这篇稿子的重要性，要求他中午将上午写完的发送给她看一下，通过之后继续，不通过也可及时修改；到傍晚下班前再发送给她一次，看是否成稿，该如何修改润色等。如果抓住了这样的关键点，根本不会出现差点"开天窗"的后果。

要抓住员工工作的关键点，还要求领导具备敏锐的洞察力，不要错把一般的环节也当成关键点，重蹈干扰员工工作的覆辙。有一些领导操心过度，虽然明白不能干涉的道理，却又老想着不能让员工出现失误，得针对性地抓重点。这种想法固然不错，可是在他眼里事无巨细都是重点，都需要过问一下才能放心，对他们提关键点显然是没有意义的。为了避免这种情况，领导只有从自身做起，学会放开心胸，信任员工的能力才行。如案例中的李女士一开始就不应该将这个任务交给胡先生，因为工作常拖沓的胡先生不适合政治严谨性强同时截稿时间紧迫的稿件。

会抓关键点，只抓关键点，让员工自由发挥。如此松弛有度，才是领导放手管理的最高境界。

2. 引导员工专注于自己的工作，培养其独立自主的个性

对于无上级指示就不能工作的员工或是无工作意愿的员工，必须予以严厉督导。如果放任不管，就无法获得预期的业绩。

首先，培养员工独立自主的个性。如果员工不能独立自主的工作，领导又放任不管，员工就会完全丧失应拥有的自主性格，如此一来，不但不可能获得如期的业绩，甚至领导本人亦会陷入绝境。一如案例中的胡先

生，才华横溢、撰写的稿件质量高，但那是针对日常而且没有时间限制的稿子而言，这种时间比较急而且要求较高的政治评论怎么是灵感能够决定的呢？写这种稿件需要更高的专业素养和更严谨的工作态度。胡先生虽然没有失去独立自主的个性，却也有工作拖沓的毛病，平时都是赶着最后才交稿子，而李女士作为主编没有看到这一点，从近处来讲是没有做好监督的工作，从长远来看是没有培养好员工独立自主个性的意识。所以，作为领导，一定要及时培养员工独立自主的个性，不然长此以往，员工的无力、无生气状态一旦蔓延，工作气氛就会趋于恶劣。

3. 激起员工的竞争心理，克敌制胜

为了让员工拥有工作热情，领导必须利用平日教导员工了解失败的悲痛与胜利的光荣，其目的是激发员工的竞争意识与斗争意志，培养在比赛中克敌制胜的精神。

虽然胡先生此次工作出现失误，但是鉴于其对于其他稿件依然具有极高的掌握能力，正常情形下写出来的稿子都不错，所以没有必要做多厉害的处理，只需要激起其竞争心理，改变他拖沓的习惯便好。

激起员工的竞争心理是非常重要的。在发达国家中，由于整体生活水平提高，保险及退休金等社会保障制度逐渐完善，三餐不继的阶层已急速减少。因此与他人激烈竞争，希望成为亿万富翁的人日趋增多，此种倾向在年轻人中更是强烈。

以往，在竞争中，失败往往是死路一条，现在虽不至于那么严重，但是缺乏在竞争中获胜的企图，只会不断地累积负面效果，甚至完全断绝了成长的机会。

想让员工拥有工作热情，首先，领导必须培养员工优胜劣汰的竞争意识和克敌制胜的气概。其次，加强员工的挑战意识，适时给予较高的目

标，并在幕后协助其推动业务，让其品尝获胜的满足感也是相当重要的。

4. 帮助员工合理安排时间

帮助员工合理安排时间是避免员工工作时间过多干私事，工作拖沓很有用的一种方法。因为员工如果不会合理安排时间，会大大降低工作效率，直接损失公司利益。但是，在工作时完全不考虑私事是不现实的，每个人都有自己的私事，有时候很难把它完全与工作隔离，关键在于合理安排。

对于胡先生这样的情况，李女士可以帮助他规划时间，比如按照稿件的难易程度确定搜集资料所用的时间，按照需要交稿的时间规划每天最少要写多少东西，按照自己什么时候状态最好来安排写作的时间等，并随时按照胡先生的具体状况进行调整，见到效果之后即培养胡先生自己合理安排时间的能力，并在刚开始施行的时候对其进行监督，直到其学会合理安排时间。

如果员工喜欢风言风语，怎么办？

>> 【案例】

"听说老板最近一段时间特别容易发火呢！"

"你听说了吗？公司好像很快就会搬到租金便宜的郊区去，可能业绩不好的部门都要被裁掉了！"

"有人看到她和老板一起坐车回家了。"

......

小王和小赵是先后进公司的员工，两个人凑在一起总有说不完的话，而

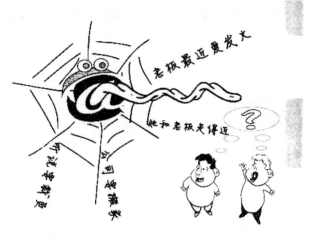

且都是与工作无关的风言风语。这些言语不仅传播速度快，而且版本众多，导致很多人不明所以，陷入人心惶惶当中，对于领导形象、公司安定都造成了不好的影响。

【支招】

每家公司都少不了小王、小赵这样喜欢风言风语的员工，面对各种不

明真相的风言风语，如果一直不知所措，就无法全身心投入到工作中去，要想打破这个怪圈，就必须认真对付这些造谣者。当然，领导也不能听风就是雨，要保持头脑清醒冷静才可以明智地判断。

想完全消除部门内部的各种"小道消息"几乎是不可能的事情。所以，向这些造谣者打开大门，让他们仅为你所知。

1. 分析谣言的实际动机，从根源上解决问题

面对各种各样的谣言，领导首先要对"谣言"进行分析：在这些谣言里，有多少是真实的？有多少是夸大的成分？又有多少是完全无中生有的？

对于无聊的谣言，最好不要采取听之任之的态度。应该明察暗访，找出哪些谣言会带来的影响。并对这些谣言追究来源，证实真伪，然后再处理实际问题。像小王、小赵这样的风言风语就是无聊的谣言，只是闲着没事找的不太高雅的调剂品，因此给予警告等处罚即可。若是警告几次之后还不改正，再采取其他的方法。

谣言流传的时间越长，经过的渠道越多，就越有走形的可能，不能随便接受此类消息，总之，要看清楚表面背后的真实动机，如此才能从根源上解决问题。

2. 多种方式杜绝谣言，还原客观事实

作为公司领导，想要杜绝谣言一定要在布置工作的时候做到表述事实清晰无歧义。要知道虽然你给员工传达的信息是确定的，但是如果表述不清晰，使用一些似是而非、语焉不详的语句，则很有可能引起员工的误解和不必要的谣言，让一些别有用心的人钻空子。所以，领导一定不能为了"生动""有说服力"而抛弃准确无误的语言表达。而且不要在你的任何表

述中加入个人的想象、推测和评论，要确保你所说的任何事情都是客观的事实。

像小王、小赵散播的公司领导最近容易发火、想要裁员、带女同事一起出门等小道消息虽然说得有模有样，但未必是无本之木，比如公司领导的确是因为什么事情常常发火，给员工造成了一定的困扰，从而让员工展开后面无限的想象，然后就猜测公司业绩不好，领导家庭不和睦等原因，随后各种谣言就出现了。所以这也给公司的领导上了一课，公私要分明，私人有再烦心的事情，在公司也不要轻易发火，而是要想方法解决问题，并陶冶自己的情操，表现出一个公司领导该有的风范和气质。

除此之外，公司出现谣言并且已经传到了身为领导的自己耳中，说明谣言已经沸沸扬扬了。此时最先要做的就是立刻澄清无中生有的谣言。我们常说"谣言止于公开"，通过公开信息可以引导舆论，防止谣传和猜疑，否则员工就很容易陷入更多的猜测之中，从而影响到整个公司的安定团结。

3. 巧妙利用谣言，妥善加以运用

一个优秀的领导不仅要会应对谣言，处理谣言，更要善于巧妙利用谣言。比如对案例中"听说老板最近特别容易发火呢"这类风言风语，公司领导听到之后不要忙于发火，而是要及时找到利用谣言的窍门，比如可以故意让秘书散播公司在业务或管理上可能要做出重大决定或者发生变革的消息，如果公司员工还是毫无进取之心，工作没有进展，那么就会考虑是否继续聘用；如果公司员工努力工作，奋发向上，那么完全有升职、加薪的可能。

谣言还可以化被动为主动。比如公司领导可以在想要施行什么新措施的时候主动散播谣言，以求从谣传中迅速获知员工的反应。如果员工大多

表示赞同，领导便可以依计行事；如果员工反应不佳，领导则可以重新考虑此项举措，使其更加完美。同时，领导还可以通过散布谣言的方式测试员工的忍耐力，观察员工获知谣言之后的各种表现，以此加深对公司员工的了解。

4. 对于恶意造谣者，坚决辞退

有很多的办公室谣言或办公室中非正式沟通渠道是灵活而正当的，在道德上是中性的，无所谓好与坏之分；好坏只取决于你在何时如何妥善选择运用，以符合你的利益。但是有些谣言无法善加利用，属于恶意造谣。对于散播这种谣言的员工，一定要坚决辞退，不宜再用。因为这种人会破坏公司员工之间的团结，如果长期不解决还有可能影响到公司的形象，造成不可估量的损失。

如果员工总在工作时间聊天，怎么办？

≫【案例】

付先生于 2009 年进入某家贸易有限公司从事销售工作，业绩一直处于中上水平，加之是公司的"老人"，时间一长逐渐进入了懈怠期，从前极具挑战性的销售工作随工作年头的增加开始变得枯燥，在工作时间聊天成为一种习惯。

聊车、聊房、聊八卦，付先生总是能够趁着领导不在的时候偷偷挑起话题，跟同事们聊天。而新进公司的员工需要同前辈处理好关系，所以也就顺着付先生的话题聊，聊多了自然占用工作时间，导致公司整体销售业绩下滑。

【支招】

在工作中闲聊的情况经常发生。在工作中聊天当然有可能影响工作，但是如果用好了，它也有其积极的一面。在员工感到疲劳或者沉闷的时候它也可以起到松弛或调节剂的作用。

1. 找到员工闲聊的原因，采用不同的方法处理

公司领导想要更好地解决员工总在工作时间聊天的问题，需要先找出员工聊天的原因。通常情况下，员工在工作中闲聊的原因多是因为工作单调无聊，工作不顺利，身体、精神疲劳，公司的纪律、气氛松懈等。

公司领导要视不同的情况，以不同的方法处理。例如，案例中的付先生之所以喜欢在工作时间聊天，主要是因为工作单调无聊，进入了倦怠期，想要解决他的问题很简单，可以给予适当的刺激，比方说隔一段时间给他一个有一定难度的挑战，鼓励他去完成；完善公司规章制度，规定上班时间不要长时间做闲聊等与工作无关的事情，一旦影响工作则采取警告、扣除一定奖金等举措。

此外，如果员工是因为工作量太少而闲聊，可以分派需要发挥较大能力、花费较多时间的工作给该名员工。如果某个员工特别喜欢闲聊，妨碍别人工作，可调动工作岗位，分派单独性的工作给他。

2. 处理闲聊问题时，不要过于主观

公司领导在处理闲聊问题时不要过于主观，或只从负面去想，因为闲聊不但不可能杜绝，而且亦有其正面的意义。如果上司绝对禁止员工在上班时谈工作以外的事，会令员工感到上司不近人情，工作士气会受影响，员工会只希望"应酬"上司的要求，在工作上马虎了事，而不会积极进取。

公司领导可以先单独找员工谈话，清楚表明自己的想法，让员工自我反省。告诉他作为领导的你不是那么不近人情，你明白"闲聊"是单调感的补偿，理解他们在无聊、沉闷、睡意浓厚的时候通过闲聊来振奋精神，然后再继续投入工作也是不错的一种方法，只是不要时间太长，影响了工作效率。

还可以让员工反映一下自己的想法，比方说工作安排有没有什么不合理的地方，有没有遇到什么难题或者认为工作没有挑战性、太枯燥等，然后根据员工的反馈及时作出调整，让员工心情愉快地工作并最大限度地在工作中获得乐趣和成就感，从而大大减少闲聊的时间。

3. 用企业文化影响员工的工作态度

企业文化的建设不是一朝一夕的，团队的文化由团队领导者的好恶决定，企业文化由公司领导者的好恶决定，文化只有合适的，没有正确的。因此，有一千个企业领导就有一千种企业文化，允许员工上班时间上网、聊天、打游戏，只要不影响工作效率的公司同样也是存在的。所以，让员工感受到公司的文化，打从心底里认同公司才是最长远有效的解决之道。而最好的企业文化，就是公司领导者严肃地爱着员工，该奖励的时候奖励，该惩罚的时候惩罚，真心帮他们上进，给他们发展的平台。

如果员工经常迟到，怎么办？

》【案例】

小周是某家图书公司的员工，公司规定每天早上9点准时上班，无特殊情况不准迟到早退。可是小周一周上班五天，其中有三天会迟到。每次迟到都会找各种各样的理由，前天堵车、昨天要送孩子上学、今天不小心睡过头等，借口五花八门。由于公司领导都在10点上班，

所以也没有人管。某天公司领导提前去公司召开临时会议，结果小周没到。公司领导因此了解到小周经常迟到，大为光火。

【支招】

每家公司或许都有小周这样的员工，将迟到当成家常便饭，想要解决这样的问题，开除并不是唯一的方法，毕竟公司培养出一个员工也是花费

了人力、物力、财力和心力的。因此，帮助其改正经常迟到的缺点才是最好的方法。

1. 分析员工经常迟到的原因，找到合适的解决方法

一般而言，有的员工住的离公司越近越容易迟到，因为他们总觉得距离公司比较近，那么几步路，晚点出门也没关系；有的员工是不在乎，眼看上班时间都到了还没吃早餐，吃完再说，不能饿肚子；有的员工是对自己的工作岗位不满意，认为自己不被公司重视；有的员工是要送孩子上学……不过无论是哪种原因，都不能成为迟到的借口。

想要解决员工老是迟到的问题，就要先找当事人谈话，了解具体的原因，如果是当事人的态度问题，则要用公司的规章制度要求他，帮助他改变这样的毛病；如果是员工家庭出现问题，公司能帮忙的则吩咐人事部给予一定的帮助，让其感受到公司的温暖，更尽心地工作。如果是经常遇到堵车，公司情况允许，可以将公司上班时间、下班时间都推后半小时，使其错开上班高峰期……不过无论哪一种解决方法，都要与公司的规章制度结合起来，不能搞特殊化，否则会造成反效果。

此外，有些迟到的原因是因为员工对工作本身没有兴趣，或个人能力未合乎工作要求，每天上班令他感到有无穷压力。遇到这样的问题，作为公司领导要好好地和他倾谈，在指出他迟到的错误后，可尽量安排适合他兴趣与工作能力的岗位。不过，处理时要相当谨慎，以免其他员工仿效，以此为借口向你提出调换工作岗位的要求。

2. 制定系统完善的考勤制度，适当进行奖惩

公司必须要有系统完善的考勤制度，而且最好将其有效的和绩效考核、年终奖等结合起来，并且在新员工培训的时候就形成让员工签到的习惯，可以是纸质的考勤表，也可以是指纹机。

不过在制定制度的时候公司也不宜太过苛刻，以免给员工留下刻薄的印象。因为堵车等不可预料的意外随时可能出现，如果有适当的理由，迟到 5 分钟以内可以原谅。如果迟到 5 分钟以上，则处以一定金额的罚款，以此加深员工对公司规章制度的重视。如果每个月都没有迟到、早退、请假的情况出现，则可以给予全勤奖，鼓励员工继续保持。

此外，奖惩也不一定非得与金钱挂钩，还可以是罚站 15 分钟、阅读公司企业文化、进行规章制度考试、进行才艺表演等，无论哪一种形式，只要能帮助员工改正缺点就好。

总之，公司制定的制度要符合民情，从员工中来，用到员工中去。因为很多公司的制度都是高层擅自决定的，不太符合员工的实际情况，容易引起员工的逆反心理。

3. 加强领导模范作用，提升员工的认同度

如果公司规定 9 点上班，公司领导没有特殊情况最好在 8 点半准时到。如此一来，会给员工起到一定的模范带头作用，让员工了解，领导都早来半小时，自己还经常迟到半小时、1 小时的实在太不应该了，便可以在 9 点半之前基本进入工作状态。

除了自己的模范带头作用之外，还可以考虑以群众压力令其改善，比如对全体员工均要求在早上 9 时前到办公室，其他员工遵守你的指示，自然会对迟到的人构成压力。另外，也可以考虑与迟到者面谈，并要他谨记准时，提高他对时间的警觉性。

在责备员工经常迟到时，公司领导最好举些实质的数据，如本星期有多少人迟到，每次迟到的时间多少，如何影响工作进度……不要笼统地说对方经常迟到，因为确切的数据资料可令对方感到你十分重视员工迟到的问题。如果对方提出合理解释，你不妨以诚恳的态度协助他解决问题。

如果员工总是请假，怎么办？

》》【案例】

钱某自从进入公司以来一向工作表现良好，可是最近却经常请假，而且请假原因统一都是家中有事，问具体事情也问不出。由于钱某每次请假都非常着急，所以公司也只能批假。但是这样频繁的请假已经影响到公司其他员工的心态，导致整个部门弥漫一片涣散的气氛。面对这样的钱某，公司领导该怎么办？

【支招】

如果一个部门之中经常有钱某这样常常请假的员工，不但会使他原有的工作岗位无人负责，同时还会拖累其他同事的工作，如果情况严重，会使工作计划难以如期完成。在长远的影响方面，经常请假的习惯会影响其他员工，而令整个部门弥漫一片涣散的气氛。因此，主管人员必须查究问题的原因，并且立即采取行动加以改善。

经常请假的原因有时是突发性的，也有时是根本性的。如果你有一位员工，一向工作表现良好，但在近期经常请假，你便要好好和他倾谈，弄清问题的原因，如亲人生病、失恋、家庭纠纷……当知道原因后，可直接告知你同情他的处境，但经常请假会影响工作。可建议他索性申请数天年假，办理好所有事务，再回公司投入工作。如果可以的话，你可让其他员工大概知道该员工请大假的原因，别让其他员工感到公司可随意让员工请假。

此外，经常请假的另一些原因是本质性的。如员工对工作不感兴趣、与上司不和、生性怠慢……主管人员对于员工请假而无特别原因应采以严厉态度处理，告诉他公司不接受员工经常无故请假。但是在另一方面，你可以让他有机会解释原因，而且表示，如果解释合理你会设法帮助他解决问题。

最后一点，管理人员在聘用职员前，应声明公司的请假规矩和手续，如果发现公司所编写的雇员守则在请假方面未够详尽，可提出修订。

如果员工在工作时间经常上网，怎么办？　🔍

》【案例】

在互联网无处不在的时代，很多企事业单位员工上班的时间都会浏览与工作无关的网站、使用迅雷等 P2P 软件下载影视文件，上班炒股、工作时间玩游戏、上网挂着 QQ 进行网聊的现象司空见惯。这样，一方面网络的带宽被这些无关的网络应用所消耗（尤其是一些 P2P 软件、BT 下载等），造成网络性能下降、网速变慢，使企业无法充分利用网络资源来提升工作效率，保障信息化系统的正常运转，从而影响了企业各项业务的正常处理；另一方面，员工不合理的上网行为也极大地占用了员工的工作时间，影响了员工的工作效率。同时，网络的一些不良信息如色情、反动、暴力等内容，也影响着员工的身心健康。如何才能既保证正常沟通又能避免员工工作时间上网，成为对公司领导新的挑战。

【支招】

随着互联网的发展，很多人无论是生活还是工作都离不开电脑、网络，无形之中形成了天天上网的习惯，导致在工作中也养成了有意无意地上网的习惯，严重的话会严重影响工作效率。

许多企业都对员工上班不专心、随意上网导致的工作效率低有不满，但领导却忘了需要分析了解员工们出现这些问题的原因。员工上班时间注意力没有用在工作上，却把工作时间用在了上网上，表面上是网络问题，其实本质上还是管理问题。

1. 认真分析员工上班时间上网的原因，找到解决方法

公司领导应认真分析，员工为什么上班时间要上网玩呢？比如，员工有时间上网玩，可能是工作不饱满；有兴趣上网玩，可能是对工作没兴趣；喜欢上网，可能是不爱工作、不会工作、没有责任心……

根据各个起因寻求合理的解决方法。建议领导从员工工作安排入手，解决好每一位员工的工作量和兴趣，使员工的工作处于饱满状态但又不至于到疲惫的程度。在状态不饱满的时候安排员工做些研究、培训、调查等其他有意义的工作，调动员工的工作积极性。除此之外，还可以组织员工大合唱、做操等，激励员工士气，等到工作饱满的时候，帮助员工群情振奋地投入到繁忙的工作中。同时，要不断改进措施，使其一直处于保鲜状态，帮助员工解决工作中的疲劳期。总之，管理措施要不断完善修正，使之成为员工们的思考模式和行为习惯。

2. 从技术上实施网络管理，加强员工上网控制

这一方法一般不要轻易尝试，否则极易导致员工心理上出现抵触，对工作更加没有热情。一般只有当公司出现自我管控能力比较差、屡次上班时间上网且不改正的员工时才能使用。公司从技术上实施网络管理，加强员工上网控制、限制员工上网行为，是管理员工随意上网的好方法，同时还可以实现公司网络带宽的价值。

处理好员工的上网行为管理问题，对企业的发展有着长远的意义，只有工作效率高的员工才能为企业带来更多的利益。

如果员工在工作期间有过多私人电话，怎么办？

》【案例】

小王进入公司销售部工作已有一年的时间，不仅对工作很热情，而且销售成绩名列前茅，甚至超过了很多老员工。但唯一美中不足的是，由于小王的热心肠以及较强的交际能力，她每天上班的时候有接不完的私人电话，这个找她办事，那个找她聚会，公司很多同事觉得她过多的私人电话打扰了别人的工作，对其很是反感，所以将情况反映给了公司领导，要求管理一下小王。面对这种情况，公司领导应该怎么办？

【支招】

关于小王私人电话过多的问题，解决方式分三步：

1. 在宽容的基础上加强职业道德教育

小王虽然私人电话多，但销售业绩依然名列前茅，由此可见小王的这种工作状态并没有影响其工作，因此，领导首先要做的就是宽容，不要一味苛责，以免影响小王的工作积极性。在充分肯定小王工作中长处的同时，领导还要加强小王的职业道德教育，比如通过典型事例分析，让小王明白公司有公司的规章制度，单单是业绩好并不能成为最优秀的员工，最优秀的员工是在给公司创造效益的同时还会团结同事，为公司的和谐发展添砖加瓦，促使小王自己完善自己。

2. 完善公司制度接听来电分轻重缓急

在促使小王改进的基础之上，还要完善公司的规章制度，做到赏罚分明，充分发挥纪律的约束力，以此来打造一个团结、有凝聚力的集体。就过多私人电话这一条来说，领导可以要求员工接电话分清轻重缓急，有关业务和工作的电话称之为"重"，一定要排在首位首先接听、解决；至亲好友的紧急事务称之为"急"，可以接听，但最好言简意赅，三分钟之内解决完毕；剩余的事务称之为"轻""缓"，最好下班后再处理。以此严格按章行事，违者第一次口头警告，第二次罚款处理，第三次停职反省，第四次直接辞退。

3. 因势利导促进公司其他员工的发展

在以上两点的基础之上，领导再开导其他对小王感到反感的同事就容易得多，领导可以向其他员工说明，在不影响公司利益的前提下，公司尊重每一位员工的人格和爱好，鉴于小王并没有因为私人电话过多而影响工作，所以对小王不做苛责，但同时公司也从这件事情上看到了制度的不完善，所以专门制定了相关制度，帮助每一位员工进行精确的职责定位，提高员工职业素养，希望以后大家能够按章程办事，制度面前人人平等。

第二章

如何与员工进行沟通

employee

management

　　与人交谈一次，往往比多年闭门劳作更能启发心智。作为领导，懂得与员工沟通，尤其是通过听、说、读、写等形式，通过演讲、会见、对话、讨论、信件等方式将思维准确、恰当地表达出来，通过促使对方接受的有效沟通，打开员工的心门，让员工与公司和谐发展。

如果员工对薪酬不满，怎么办？

≫【案例】

某公司是一家国有上市公司的子公司，工资由总公司以每年工资总额的形式拨发，公司内部则实行以岗位绩效工资为主，岗位津贴和技术提成为辅的分配方式。几年来，公司效益一直不错，而且在人力资源方面尤其是薪酬方面进行了一些卓有成效的改革，使薪酬水平逐步与市场接轨，同时通过企业文化建设努力改变员工的固有观念。

但今年因企业效益在连年以20%的速度增长的情况下出现徘徊，企业内部的很多人都对自己的薪酬表示不满。工人尤其是工人中的骨干认为企业效益很好，他们的工作很辛苦，但收入却偏低，他们认为自己收入偏低的主要依据是与本公司中层领导的收入水平或外资企业同岗位的收入水平相比较，感到不公平。

【支招】

对于薪酬而言，估计所有人都会觉得越多越好。不过任何一家公司都不会随意发工资，而是需要根据公司实际情况、员工的个人能力等综合考量。如果公司有员工对薪酬表示不满，为了稳定员工的情绪，公司领导一定要及时处理。

1. 认清薪酬的特性，做到高度重视

薪酬具有敏感性。薪酬管理是人力资源管理中最敏感的部分，因为它牵涉公司每一位员工的切身利益。特别是在人们的生活质量还不是很高的情况下，薪酬直接影响着他们的生活水平；另外，薪酬是员工在公司工作能力和水平的直接体现，员工往往通过薪酬水平来衡量自己在公司中的地位。所以薪酬问题对于每一位员工来说都很敏感。

薪酬具有特权性。薪酬管理是员工参与最少的人力资源管理项目，它几乎是公司老板的一个特权。老板包括企业经营领导认为，员工参与薪酬管理会使公司管理增加矛盾，并影响投资者的利益。所以，员工对于公司薪酬管理的过程几乎一无所知。

薪酬具有特殊性。由于敏感性和特权性，每个公司的薪酬管理差别会很大。另外，由于薪酬管理本身就有很多不同的管理类型，如岗位工资型、技能工资型、资历工资型、绩效工资型等，所以，不同公司之间的薪酬管理几乎没有参考性。

2. 在公平的基础上，最好做到高于社会平均水平

公平度，是指员工把自己薪酬与其他员工薪酬进行比较之后感觉到的平等程度。提高公平程度是薪酬管理中的难点。实际上，人力资源部门不可能在这点上做到让全体员工满意。许多公司之所以实行薪酬保密制度，就是为了防止员工得知其他员工的薪酬水平后降低对薪酬管理公平度的认同。另外，如果没有对公平度的认同，员工也会很难认同薪酬与绩效间的联系，从而降低绩效考评的效果。

社会平均比较，是指员工会将自己的薪酬水平与同等行业同等岗位的薪酬进行比较，如果发现自己的薪酬高于平均水平，则满意度会提高，如

果发现自己的薪酬低于平均水平，则满意度会降低。薪酬管理的主要工作之一就是对岗位的价值进行市场评估，确定能吸引员工的薪酬标准。

提高薪酬管理的满意度可以从与提高公平度和社会平均水平比较两个方面进行。

建议可以将公司员工的薪酬水平定在稍高于同行业同岗位的薪酬水平之上（一般为 10%~20%），这样有利于员工的稳定和招募。

公平度是员工的主观感受，人力资源部门不要试图通过修订薪酬制度来解决这个问题。当然，薪酬制度在不适应公司发展的需要时可以进行修订，但它不是提高公平度的最有效办法。在解决这个问题上，人力资源部门应该将注意力集中在薪酬管理的过程上，而不是薪酬管理的结果上。

比如，在制定薪酬制度时，公司可以让员工参与进来。实践证明，员工参与决策能使决策更易于推行。一些老板和领导担心，员工参与薪酬制度的制定会极大地促使政策倾向于员工自身的利益，而不顾及公司的利益。这个问题在现实中是存在的，但解决办法是让老板、领导和员工一起来讨论分歧点，求得各自利益的平衡。实际上，员工不会因为自身的利益而导致不负责任的决策。

员工参与或不参与的区别仅在于：如果员工参与，在政策制定之前就会发现并解决问题；如果员工不参与，当政策执行时，同样会暴露出问题，但这时往往已经丧失了解决问题的时机。

另外，人力资源部门还要促使老板、领导和员工建立起经常性的关于薪酬管理的沟通，促进他们之间的相互信任。总之，沟通、参与与信任会显著影响员工对薪酬管理的看法，从而提高对薪酬管理的满意度。这一点对于案例中的公司而言尤为重要，因为公司不是不想给员工涨工资，而不涨工资是公司的业绩一直停滞不前导致的。所以公司领导一定要及时同员工进行沟通，让员工参与到工资制定里面，使他们能够充分了解公司状况，鼓励他们继续努力工作，提高业绩，为自己的薪酬而努力。

　　总而言之，薪酬管理是人力资源管理中的一个难点，是公司和员工同时关心的政策之一，员工对薪酬管理的满意程度是衡量薪酬管理水平高低的最主要标准。让员工对薪酬满意，使其能更好地为公司工作，是进行薪酬管理的根本目的。员工对薪酬管理的满意程度越高，薪酬的激励效果就越明显，员工就会更好地工作，于是就会得到更高的薪酬，这是一种正向循环；如果员工对薪酬的满意程度较低，则会陷入负向循环，长此以往，会造成员工的流失。因此，无论哪家公司，都一定要把薪酬管理放在至关重要的位置。

如果员工发生办公室恋情，怎么办？

🔍

≫【案例】

小吴加入公司已经五年了，一直非常敬业，现在任某部门业务骨干。今年夏天小吴所在的部门招聘了一名新员工——刚大学毕业的小郑。小吴平时非常照顾小郑，两人日久生情，恋情急速升温。这件事很快被部门领导知道了，领导打算辞退其中一人，但公司并没有相关规定和先例，在这种情况下领导该怎么办？

【支招】

最近，婚恋网站世纪佳缘发起了《中国男女婚恋观系列调查之当爱情遇到工作》的调查。此次调查共有 7 万多名职场男女参与，其中六成参与者为"80 后"。调查发现，每天 8 小时、每周 5 天都待在办公室的异性同事非常容易擦出爱的火花。在办公室的单身男女当中，有 69% 的人称有办公室恋情或暧昧发生，有 23% 的人承认经历过办公室恋情。其实，办公室恋情之所以不被众多公司看好，主要是因为公司担心员工做不到公私分明，导致私事影响工作。面对小吴、小郑这样的办公室恋情，公司领导可以从以下几方面解决。

1. 细心观察，看是否影响工作

办公室恋情就是"近水楼台先得月"，单身男女长期相处自然会产生感

情，就像小吴和小郑一样。其实，公司员工谈恋爱实属正常，作为公司领导，知道员工恋爱后也不必如临大敌，立刻想到辞退他们或者辞退其中一个，而是要细心观察，看他们恋爱是否影响到了工作。

有的办公室恋情可以使原本枯燥的工作变得活泼可爱，处在恋爱中的男女都是幸福的，而且为了给对方留下好印象表现欲都会比较强，工作起来也比较积极认真。如果两个人关系稳定，工作一如以往甚至是更加努力，不仅会促进员工个人发展，还会促进企业人才的稳定。如果小吴和小郑的恋情使他们和公司变得更好，那么公司领导完全可以对其从思想上进行正确的引导，鼓励他们谈恋爱，不过也要同时严肃认真地告诉他们，一旦因为感情影响到工作效率，公司为了内部的稳定团结和奋发向上会考虑将其中一位调离该部门或者予以辞退。

如果处于恋爱中的员工不太理智，经常闹矛盾，常常将个人情绪带入工作，三天两头闹分手，经常互相抱怨、指责等，对工作造成了严重的负面影响，那么公司领导就一定要及时分别找两位员工进行单独的谈话，通过谈话了解他们的想法，并观察他们是否可以改正这样的缺点，如果无法改正则直接将其中一位或者两位同时辞退，不然容易影响公司其他员工的情绪、整个公司的稳定和团结等。

此外，公司要坚决反对婚外恋、三角恋，如果上下级发生恋情，则应调离岗位。总之，企业在应对办公室恋情时，帮助员工树立正确的恋爱观是最重要的，引导员工积极、健康、在不影响工作与同事的前提下谈恋爱，让员工谈恋爱与工作两不误，这才是正确的做法。

2. 完善公司制度，制定恋爱规章

将办公室恋情纳入公司规定，写入员工手册或相关制度条款中。如果公司领导对于办公室恋情非常反感，则直接规定公司不允许办公室恋情出现，在招纳新员工的时候应特别对员工说明，看其是否能够接受，以免日后发生不必要的麻烦。如果在职员工发生办公室恋情，则直接予以辞退。这是"一刀切"的方法，严格将办公室恋情直接扼杀在萌芽当中。

如果公司认为办公室恋情可以根据具体情况而变通，也最好将基本要求写入规章制度当中，比如上班不要公开亲昵，因为虽然恋情已公开，但并不意味着就可以在办公室卿卿我我、忘乎所以，毕竟下班后你们有足够的时间来亲热；不要冷落其他同事，以免让其他同事生出重色轻友的背叛感，破坏同事之间的稳定团结；不要破坏公司规章制度，工作期间少说话，即使是恋爱关系也要注意有些事情需要保密，不要在工作期间谈论需要保密的事情。总之，公司要向员工传达出这样一个原则：恋爱是恋爱，工作是工作，一定不能因为恋爱影响工作。

如果员工情绪反常、无心工作，怎么办？

≫【案例】

近段时间，全国各地相继迎来高温天气，在这样闷热的天气中，一向勤勤恳恳的某公司员工小冯的情绪也开始跟着反常，一会儿阴天一会儿晴天，工作不在状态，还常常无缘无故发火，时常为一些小问题跟公司同事吵得面红耳赤，不仅耽误了工作，而且屡屡被领导叫去批评。公司领导觉得这样继续下去对公司影响较大，所以想知道究竟该如何解决小冯的情绪问题。

【支招】

小冯表现很反常，工作不在状态，无精打采，还常常无缘无故发火，稍不如意就跟同事争得面红耳赤，工作没干好不说，还没少挨领导的批评。小冯前去咨询心理医生，医生在认真听了他的倾诉后，说小冯是情绪"中暑"了。此时公司领导要做的就是帮助像小冯这样的员工及时地释放不良情绪。

1. 公司领导要做好员工情绪上的减压器

当员工出现小冯这样情绪反常、无心工作的情况，公司领导要及时利用员工座谈会、恳谈会、领导接待日等时机引导员工大胆倾诉，多听听员工的呼声和"抱怨"，使员工敢于说、愿意讲。要多开展一些基层信息调研、走访、回访等活动，设立员工意见收集箱，收集来自生产一线员工的建议和意见，梳理后有针对性地予以解决。在火热的天气下要多开展一些送清凉、送防暑降温药品等活动，鼓励员工积极参与文体活动，舒缓员工思想情绪上的压力。

2. 公司领导要做员工情绪上的润滑剂

在工作中，公司领导应密切关注员工的思想动态，认真倾听员工的意见和呼声，主动帮助他们理顺情绪。面对小冯时常发火这样情绪反常的情况，公司领导要从积极的角度，客观、智慧地分析过滤，将问题梳理一下。同时，公司领导要帮助员工想办法、出主意，做到心正、嘴严，凭借自己的知识、能力、人品，赢得员工的信任、关注，帮助员工化解反常情绪，让员工倾诉之后心情舒畅地投入工作中。

3. 公司领导要做员工的情绪回收站

公司领导可以丰富员工工作之余的生活，在公司设置图书角、聊天室等，允许员工在午休时间适当休息、闲聊等，包括听歌、看书等都可以。这样做主要是引导员工学会自我释放压力，在其情绪反常、无心工作的时候及时自我排解和宣泄，将负面、消极的情绪放入回收站清空，使自己随时保持积极、平和、向上的心态，养成正确、健康的生活方式，提升工作的快乐指数。

4. 及时了解员工情绪反常的原因

及时了解员工情绪反常的原因是解决问题的关键。无论是小冯这样情绪"中暑"的员工，还是因为家庭生活遭遇不顺心等而使得心理失常，以致心事重重影响工作的员工，公司领导都要及时发现员工的细微的变化，急他们所急，想他们所想，做他们的知己，尽己所能地帮助他们，让员工打从心底里对公司产生归属感。

面对这样的问题，公司领导最重要的就是放平心态。要知道，人的情绪不可能维持常态，不可能一直情绪饱满地进行工作。作为领导，要有敏锐的洞察力，也要有博大的包容心，只有如此，才能及时妥善地解决员工情绪反常、无心工作的问题。

如果员工自我防卫心重，不善沟通，怎么办？

>>>【案例】

　　某运输公司领导最近发现，公司新招的员工小陈自我防卫心比较重，不太善于与其他同事沟通。每次找他谈话的时候他的眼光游移不定，与领导会面时不敢直视，姿势僵硬，无所适从，似乎沉浸于另外一个世界。领导发现，如果不主动地与他接触，他一定会对领导避而远之；如果不直接询问，领导也无法得到他对你的反馈信息。在工作的时候，尽管办公室电话铃声响个不停，但只要不是他桌子上的那一部，小陈从来不会帮别人接听一下，而是不理不睬，沉浸在自己的世界中。与他谈话时，他说的最多的就是接近机械化的"是"，这让注重服务质量的公司领导很是头疼。

【支招】

　　像小陈这样自我防卫心重、不善沟通的员工，看似没有工作热情，也无法有效地与他人沟通；既无法把工作做好，也无法理解或依照公司领导的意图去做事。然而，这是因为领导没有去了解员工或者说员工没有使领导更多地了解自己，作为公司领导，不应当武断地将小陈开除，而应想方设法去了解他。

1. 直截了当接触他，让他了解你的意思

像小陈这样的人，公司领导可以直接对他说："你听到我对你说什么了吗？你能重复一遍吗？"或者说："你没注意听，我心里很不舒服，你应当集中精力弄明白和你进行的思想交流。"如此，让小陈直接了解你的想法，以这种以身作则的方法引导他表达自己的想法。

2. 谈话前先打预防针，让他仔细听自己说话

公司领导在与小陈这样的员工谈话的时候，先把自己的要求委婉地说出来，防止他心不在焉，如："你以前听我说话总不大明白，现在请认真听一下我的建议好吗？"这样和缓的谈话方式可以让员工放下戒心，逐渐打开沟通的大门。

3. 间接警告他，让他知道防卫心重、不善沟通的严重性

面对小陈这样的员工，谈话委婉的同时也要间接地警告他，如："你如果不专注地讨论，这很难与别人接近，你注意到了吗？"让员工认识到事情的严重性，有改变自己个性的想法。

4. 必要时进行适当的处罚

如果间接的警告不管用，那么就要让他明白这样做的后果。公司领导可以说："如果你不能连贯地将讨论进行下去，你就不要再参加了，让我独自决定好了。"以这种中断其工作的处罚来让他明白必须做出改变，否则对工作会产生严重的影响。

5. 采用其他方式打开员工心扉

如果公司领导担心面对面的沟通给员工造成压力，反而导致工作

上的反弹，那么可以通过信件、邮件、留言等与员工进行沟通，让员工把自己想说的话都写下来反馈给自己。或者也可以找一个公司内与他比较亲近、他较为信任的人充当中介进行交流，尽快把他带出不善沟通的漩涡。

当然，如果经过努力之后员工仍然不愿意合作，无论如何也难以接近，那就不是公司或领导的问题了，就不必再浪费时间和精力，看其是否还能胜任这份工作，如果胜任继续留用，如果不能胜任就协商辞退问题。

如果员工自私自利，怎么办？

>>> 【案例】

某企业张经理手下的员工小赵最近破了部门的销售纪录，值得好好表扬一番。可是张经理把小赵叫来之后却说："小赵啊，你的成绩大家是有目共睹的，虽然你来公司时间不长，成长得却很快，这都值得别的员工学习。但是，你光追求业绩，忽视了整个部门的团队精神，这样也很不好呀！我听说你很少和部门其他人沟通，也不喜欢跟他们共享资料，有员工问你问题也不太喜欢解答，这样怎么能共同进步呢？"本来一心等着夸奖的小赵一下子懵了，他难为情地承认了自己自私自利的毛病。

【支招】

人都是有私心的，这很正常，公司领导在面对这个问题的时候不必过分严苛，只要确保员工不会因此影响公司的安定团结和共同进步即可。

1. 创造良好的公司氛围

公司员工最不喜欢的就是沉闷、过于严肃的工作氛围。聪明的公司领导应该让他们感受到活泼、放松的气氛，使他们可以无拘无束地与同事分享工作中的趣事，发现工作中轻松的一面，和同事交心谈心。如此才能加强公司员工的团结，使他们自由地沟通，从而喜欢分享、共同进步。

2. 具体问题具体分析、具体解决

像小赵这样有能力但只是还没有学会分享的员工，公司领导可以抓住时机给予小小的善意批评，让他知道搞好同事间人际关系的重要性。同时表扬和夸奖他，告诉他凭借他现在的工作能力，如果再搞好同事关系，将来一定大有可为。总之，原则就是"打一棒子，给个甜枣"。

如果是不愿意承担分外工作的员工，作为公司的领导，首先要做的是尽可能地找出他们之所以对他人抱有这种态度的真正原因。其实很多时候，他们的这种态度源于他们认为即使帮了别人，别人也未必领情。所以，在他们帮了别人的忙之后，要立即给予称赞肯定，让他们感受到帮助他人的喜悦和满足。

但是，如何才能让他们主动地伸出援助之手呢？

首先，作为公司领导的你要搞清楚他的具体工作职责，这样，至少可以判断你让他们做的事哪些是属于他们分内的工作，而哪些仅属于义务性的帮忙。

如果你要求他们做的事的确不属于他们的职责范围，那么你要让他们清楚，你明白你要求他们做的事不属于他们的职责范围，他只是在做义务性的帮忙。

在分派这样的任务时，你可以说："小杨请假了，这个报表很急，小赵你给做了吧，虽然你也

很忙，但请你帮这个忙吧。"不要说："这个报表一会儿要用，你马上做。"如果这样，只会加深员工自私自利的心理，让他们觉得分享、帮忙也得不到什么称赞，反而被当成硬性工作要求，还不如做好自己的工作就行了。

当然，他也许还是会拒绝你的要求。这时，你不必表现出愤怒的神情来，保持自己的风度，表现出对他们权利的尊重和理解。你可以说："好吧，这本来也不是你分内的事。"这样，至少可以为你的下次要求能得到满意的答复提供可能性。

如果他们答应帮忙，则一定要向他们表达你的谢意，让他们知道自己所做的事并非是没有意义的，让他们享受到被感谢的美好感觉。

还有一些人，他们不愿帮助别人做事并非是担心不被领情，而是因为害怕承担出错的后果。所以，当这些人在帮助别人时出现了一些无足轻重的过失，公司领导也不要太过责怪他们，以免他们以后再也不敢帮助别人。

另外，公司领导要在团队成员中鼓励集体协作，让来自团队其他成员的行动给这些不愿意帮助别人分担工作的人受到好的影响。

3. 帮助自私自利的员工实现自我提升

这种倾向于以自我为中心、自私自利的员工是可以实现自我提升的。虽然他们曾经希望能不劳而获，并且吃不得一点亏，经常轻视别人，但是后天环境的潜移默化完全可以让他们适度地改变自己的做人方式。可以让公司内比较善于分享的员工多跟他接触，多多影响他。

4. 以身作则，引导自私自利型员工进行自我反省

公司领导最好以身作则，这是在员工面前提高自己领导形象的一种很好的方法。当自私自利型员工对任务推三阻四时，作为领导可以站出来接下任务，然后动情地说："作为上司，我有责任更有义务向同事伸出援助

之手，但是，我希望我不是最后一个。"

领导说出这样的话，足以让那些对工作推来推去的员工产生内疚感，引导他们对自己进行反省。领导必须以自己的行动让他们感觉到自己的自私。很多时候，自私自利型的人并不认为自己的行为是自私的，所以要让他们先察觉到自己的自私。

5. 作换位训练，让自私型员工身临其境

可以在适当的时候创造一个特别的环境，让那些平常懒于帮助别人的员工感受一下缺少别人帮助的滋味。让他们充分体会一下一个渴望他人帮助者的心情。当他们对别人帮助的渴望达到最高点时，再让公司其他员工去帮助他，让他尝到受人帮助的美妙。这样，他才会有更深的感触，从而去主动帮助别人。

6. 鼓励员工的利他行为

可以在奖金中设立一些额外的补助，用于鼓励那些乐于帮助别人的员工；要在各种各样的会议上表扬他们的助人行为；要为助人为乐者的助人行为提供种种的便利条件，在他们为了帮助别人解决问题而忙得焦头烂额时，留下来陪他一起处理工作。另外，领导应该督促那些自私自利型的员工多做一些，如公益活动这种具有利他性质的事，通过行动来改变他们的心态。

以上这些举措都可以在公司形成一种互助、合作的好氛围，从而对那些自私自利者形成一股要求助人为乐的压力。

如果公司领导所做的所有行为都无法改变他们，说明他们的自私自利心理已达到无可救药的地步，那么不妨早些辞退他们了事。

如果员工性格冲动，怎么办？ 🔍

>> 【案例】

有一天，某商场领导巡视柜台，发现有两名售货员在柜台旁聊天，仔细一听居然是在聊关于化妆品哪个牌子好，最近吃没吃减肥药等与工作完全无关的问题，这让领导很生气。领导当场抓住正在说话的她们并严厉批评道："怎么能在上班时间瞎聊天呢，扣你们工资。"其中一位女员工性格比较冲动，一听领导说扣工资，直接急了："领导，现在店里没有顾客，聊会儿天应该没什么大问题吧，我一直业绩都不错，聊会儿天不至于扣工资吧？"领导听了之后很生气："不管店里有没有顾客，你们作为售货员都应该具有最基本的职业道德。"然而性格冲动的女员工直接跟领导吵了起来，她认为领导太不近人情，怎么能因为一次聊天就直接扣工资呢。结果导致正在逛商场的人围观，造成了相当恶劣的影响。

【支招】 🖋

冲动型的员工直率而好斗，对于这种员工，好好引导说不定能为公司增添一名拓展业务的大将。

1. 公司领导要有开阔的心胸

面对案例中没有顾客就闲聊的女员工，领导最先需要的是开阔的心胸，而不是上来就说扣工资这样的话，这样只会让冲动型的员工更加冲动，不经思考说一些更冲的话。领导如果看到在闲聊的员工，应先平心静气，然后告诉这位女员工上班时间聊天是不被公司允许的，可以在中午休息的时候适当地聊天。而且刚刚听到她们是在聊化妆品、减肥药等女性最关注的话题，可以将这样的话题自然而然融入与女性顾客的谈话中，以此提高销售量。只有具备宽阔的胸怀，才能对他们冲动、无理的态度不那么计较；也只有这样，才能获得冲动型员工发自内心的尊重，让其真正地成熟起来，勇于为自己的行为承担责任，做到任劳任怨、努力工作。

2. 批评时注意方式方法

对于冲动型的员工，要进行正确而有效地批评，摆事实，讲道理，晓之以理，动之以情，将心比心，换位思考，尊重他们的长处，理解他们的难处，关心他们的苦处。在大道理和小道理的结合上，通过耐心说服教育和民主讨论，和风细雨地疏通引导，实事求是地指出他们认识上的短处、方法上的错处、工作上的差处，使其能够心悦诚服。不论怎样批评，最好能运用对方便于接受的方法，指出其行为如何错误以及应该采取何种行为，以取得对方的理解，让人心服口服。

员工只接到上司要求其改变不良行为的命令，却没有接到如何正确行动的指示，这种命令的作用显然不大，员工有可能对上司的指令不予理睬或予以抵制。改变人的不良行为如同治水，仅去筑起一道拦水大堤而不疏通河道，会造成可怕的水患。如规劝"烟鬼"戒烟，除非他了解了吸烟的危害和戒烟的好处，否则不会去戒烟。冲动型的员工更是如此，所有正确的认识必须来自他自己的认识，而不是在别人的强迫下接受的观点。

3. 正确引导冲动型员工

除了案例中说话比较冲动的员工，还有盲目冒进、咄咄逼人、性情急躁等诸多冲动类型。一般来说，鲁莽冲动型的员工精力旺盛、不安分、心神不宁、焦躁不安、盲目、爱冒险。他们对自己的未来没有把握，患得患失，于是迫不及待地想成就一番事业。鲁莽冲动使这些人失去对自我的准确定位，随波逐流，盲目行动，与团队的务实作风格格不入。

但是，另一方面，公司领导必须看到鲁莽冲动型员工对工作的极大热情，这股热情如何引导得当，对公司其他成员的带动作用是不言而喻的。所以，领导一定不能因为他们的鲁莽冲动就对他们心怀偏见，不愿看到他们的优点。

在一个优秀领导的眼里，任何员工都有他的长处。重要的是给他一个正确的拐点，使他发现另外一个自己，让他们充分认识到自己的力量。

作为领导，不妨在他们面前多将他们与其他员工进行比较，并以此为基础对他们作出公正的评价。"有比较才有鉴别"，在比较中，要从他们的能力、知识、技能、心态等多方面进行综合、合理的比较，坦诚地分析他们的优势及劣势，使他们消除心神不宁、无所适从的焦虑感。

4. 培养他们的务实精神

冲动型员工大多能把握大局，但在对细节的顾全方面则很弱。领导要在细节方面多多提醒他们，使他们能够逐渐周全、细致地考虑问题，培养出他们的务实精神。

总而言之，当冲动型的员工经历了生活的磨炼之后，相信他们的性格也会变得不那么尖锐，能够接纳一些与他们生活方式相反的情形，并从中领悟到一些处世之道，帮助他们尊重别人的意见，赞扬生活里的点点滴滴，而不再是想控制一切。

如果员工消极被动，怎么办？　🔍

>> 【案例】

小安在一家公司做文员工作，平时除了完成领导交代的一些公文之外，很少有其他的工作，小安也渐渐习惯了这种只要完成领导布置的工作，其他一概不过问的消极被动的工作方式。刚开始的时候，小安感觉这样工作比较轻松，可是时间久了就感觉很空虚和无聊，尤其是领导没有布置工作的时候，她自己都不知道该干什么了。后来，小安逐渐觉得开始跟不上领导的节拍，跟同事配合也缺乏默契，转眼几个月过去了，领导对她的态度也大不如从前了，这让小安陷入更加消极被动的恶性循环。

【支招】

公司领导很容易就能看出消极否定的工作态度已经在公司里生根的迹象：员工的高流动率、缺勤率的上升、工作动机的丧失、士气的低落、工作态度消极、对组织或企业的忠实度降低等，这一切足以说明你的公司已经出了问题。

对于公司领导来说，要想阻止消极否定的工作态度在自己的公司里蔓延，消除它的潜在影响，就要认真管理公司里消极被动型的员工。像小安这样的消极被动的员工其实没有多大的问题，只是因为一直以来习惯了按部就班的工作，习惯了被动接受领导布置的任务，所以养成了消极被动的习惯。只要帮助小安认识到这一点，别太苛责她，帮助她重新调动起工作的积极性即可。

1. 帮助他们之前先从自己身上找原因

一旦发现公司存在消极被动的员工，先问自己这样几个问题：

你是否是一个积极的倾听者？

你是否是一个好的交流者？

你是否知道在员工工作表象的背后存在着什么问题？

你是否能为员工提供充分的指导？

你是否能为员工提供具有建设性的反馈意见？

如果你的答案是肯定的，那么，你只需要掌握一些基本的技巧，就可以游刃有余地管理他们了。如果你还没有具备这些素质，那么就需要着重培养一下了。同小安一样，员工之所以形成消极被动的习惯，跟领导一直以来只是单纯地布置工作也有一定的关系。在适当的时候，领导要学会引导员工自己学会工作，让员工自己眼中看到活，从而主动工作。

2. 对于过于循规蹈矩导致消极被动的员工

案例中的小安是典型的例子，工作过于循规蹈矩，缺乏创新精神，没有远见，但是像她这样的员工仍然是有优点的。他们做事情认真仔细，一丝不苟。他们几乎不会发生原则性的错误，所以易于管理。只要是有明确目标的一般性的事务，交给他们办，他们能够按照这些具体的指标把事情做到令你万分满意和难以挑剔的程度。所以，管理这类人，公司领导不妨安排一些不违反常规的琐事给他们做，他们能够严格按照你的指示，并且模仿你的风格，使用你的行事方法，把事情做得完全符合要求。

3. 对于性格悲观导致消极被动的员工

当性格悲观的员工在表达一个消极的观点时，你要让他们描述得尽量具体一些。为什么这样不行？它仅仅是一种无根据的预测呢？还是在许多教训的基础上得出的经验之谈？总之，领导一定要设法让他们明确地指出计划中的哪一部分会出现问题，产生这样问题的具体原因是什么。

询问他们解决这些问题的办法。当然，要让他们尽可能详细具体地作答。你不能满足于他们如下的答案，"我不太清楚，要说明白这个问题我有点力不从心。"

悲观主义者通常都十分害怕失败，因此，他们不敢冒险，并且会试图阻止团队的其他人冒险。这时，你不妨让他们描述一下一旦实施了这个"危险"的计划之后可能出现的最坏的结果。这样的描述可以帮助悲观主义者们对未来的前景作出比较客观的预测。

尽量减轻悲观者肩上的责任。他们害怕失败的最根本原因是担心承担失败的成果、承担失败后的责任。减轻他肩上的责任，让他意识到即使整个计划失败他们也不用承担任何责任，那么他们就会表现得积极一些。

不要太过反感他们，要知道，这种悲观主义者往往可以防止集体发生失误。也不要动不动就对他们进行严厉的批评，如果到了非批评不可的时候，也要始终保持冷静的态度。

从批评的全过程来看，有的时候你开始尚能冷静，但在批评的过程中，感情会发生起伏变化，产生兴奋激动，越说越气愤甚至涉及对方的人格问题，这是一种最不可取的批评方式。那样做会使人不但对批评不予理睬，甚至会当面反唇相讥，导致双方关系僵化。正确有效的批评绝对不要掺入个人感情的成分，而应该十分冷静，处处体现出理性。真正的批评应该是一次经过细腻处理的、冷静的、充满理智的谈话。

总之，对于这类员工，作为领导，你既要小心谨慎地开发他们善于发现错误的敏锐，同时又要避免让他们的悲观情绪影响到整个团队的士气。

4. 对于愤世嫉俗导致消极被动的员工

愤世嫉俗的人对人的本性和动机根本就不信任，他们怀疑一切。管理这样的人，首先要赶紧消除他们给团队带来的消极情绪。

也许有的领导会把他们解雇了事，但是，这样做并不能有效去除消极情绪的蔓延。人都有一种逆反心理，你越是要阻止的事情，他们越是要尝试。所以，你最好把愤世嫉俗者的行为漫画化，给消极的观点穿上一件幽默的外衣。

当然，你也可以用事实为依据，来击碎愤世嫉俗者危言耸听的论点。

总之，在做这件事情时，你要充分发挥你的幽默才能，让这些令士气低落的观点在笑声中消弭于无形。

批评愤世嫉俗者还应注意时效性。如果你的批评是拖延过的，时过境迁之后的，就容易给被批评者"秋后算账"之感。一旦他们开始对公司的规章制度等指手画脚时，作为领导就要尽快进行批评，不要因为今天忙而过几天想起来了再批评。因为人若有错，心生内疚，并做好了挨批评的心理准备，但上司几天没有动静，很容易使他们产生上司忙、顾及不上，故此事无关紧要；或者事实真的像我说的那样，上司也默认了；甚至产生上司因为怕我而不敢批评等误解。结果，拖延批评很可能使同样的事情再次发生。

如果这时你再批评，他可能倒打一耙说"上次我也是这样做的，你没说什么，为什么今天要批评我"，拖延成了他反驳批评的有力证据。

5. 对于浑浑噩噩导致的消极被动

很显然，浑浑噩噩导致消极被动的员工需要的是一个目标。正如卡耐基给的忠告："你必须把你的想法好好组织一下，先期待你要达到什么目标，才能够开始出发。"你要督促并帮助他们完成这个过程。

有了目标之后，要经常地提醒他，促使他坚持完成目标而不会半途而废。

制定目标时，他们最好有一个长期的目标和一些短期的、易于达到的目标，让他们尽早品尝到实现目标的满足感。

另外，你对他们必须下猛药。要时刻督促他们，使他们改变自己，顺利完成任务。即使你批评他们，也要紧抓不放，直到确实改正错误为止。因为，领导者批评员工的过错就是为了使员工改正过错，做好工作，以利于整个团队的发展。因此，领导者在批评员工的时候要特别注意批评的实际效果。所以，你对这类员工的过错要抓住不放，多次批评，直到员工以实际行动改正了过错为止，推着他们行动。

6. 帮助消极被动的员工树立成功的信心

作为领导，可以给消极被动者提供更多和更容易获得成功的机会，让他们充分享受成功带来的欢乐。这对你来说并不难，因为你总是有很多从易到难的任务。这样，你完全可以把一些简单的、接近成功的任务交给消极被动者。虽然一些人天生就消极、悲观，但是主动、乐观也是可以后天培养的，你不要对他们失去信心。如果被这些消极、被动的人难住了，你就会不可避免地长期陷入困境；如果你坚持、努力地引导他们、帮助他们、你将很可能成功，关键是让他们树立成功的信心，他们就会从铁杆的消极被动的员工变成一个主动积极的员工。

而且最好给他们提供成功的机会。消极被动的员工容易对一切都采取无所谓的麻木态度。为他们提供成功的机会，让他们快速地获得成功，显然可以刺激他们的神经，让他们变得情绪激动，热情高涨。

总之，作为领导，无论你做什么都要切记：没有人会因为你同情并真正地关心员工而责备你，也不会因为你信任和看重员工的优点而责备你。

如果员工得失心强，斤斤计较，怎么办？ 🔍

≫【案例】

在办公室里，总有几个斤斤计较的人，在部门里，小祈就是这样一个人。每次有需要团结协作的工作，他总是以各种冠冕堂皇的理由推掉不属于自己的工作责任，比方说"自己能力不行""让小同志多锻炼等"；同事聚会在饭店结账的时候，他总是爱拿着对账单核对，看看自己点了什么，需要付哪些钱，有没有多付等。短时间内没有人说什么，可是时间一长所有同事都看出来他是一个得失心很强、斤斤计较的人，在公司里人缘变得极差。

【支招】 ✒

像小祈这样斤斤计较的人日常生活中是非常常见的，办公室中当然也不少，或许这类人在平时看不出来，但是一旦有利害冲突时，他们便会原形毕露。作为领导，要想办法尽快解决这样的问题，不然非常容易破坏公司的整体氛围。

1. 满足正当要求，拒绝不合理要求

对小祈这样得失心强、斤斤计较的员工，应当满足其正当要求，该办的事要为他办到，使他不至于觉得你在故意刁难他。同时拒绝他不合理的

要求。因为斤斤计较的人最大的特点就是在维护自己利益的同时还千方百计地想获取额外的利益。作为领导而言，当他提出不合理的要求时，要委婉地向他讲明各种不能办的原因，并且要巧妙地劝阻他不要总提出得陇望蜀的无理要求，以防他再次提出其他的不合理要求。

2. 做到一碗水端平，办事公平

在对待斤斤计较的员工时，办事要注意一碗水端平，当制定利益分配计划时，充分发挥同事的监督作用，将计划公之于众，使大家感觉到利益分配是公平的，以避免他同你进行无理的纠缠。

斤斤计较的人得失心强，固守自己的利益，这或许是种小毛病，但领导在处理时要注意这些小毛病，安排事情要合理公正，防止其投机取巧或多贪多占。

如果员工缺乏合作精神，怎么办？　🔍

>>> 【案例】

在以流水线组装为主的汽车工厂里工作了十几年，老王深知团队合作的重要性，因为一道工序跟着一道工序走，才能组装出一台完整的车。跟他同组配合默契的组员当中，其中一人因为手腕受伤无法再从事组装工作，被转调到其他部门，所以工厂重新招聘了新员工小朱。小朱曾经做过汽车组装的工作，有一定的经验，可是在加入老王组里参与组装工作的时候却明显拖了全队的后腿。刚开始老王以为小朱是因为刚来，还不太熟练，但后来发现小朱是一边玩着一边工作，不够专心，不是忘了拧螺丝就是不小心放错了地方。老王让小朱细心一点，可是小朱却认为老王多管闲事，他自己想什么时候干就什么时候干，最后干完就得了，不必非得跟着别人的脚步。老王却认为这是缺乏合作精神的表现，必须要改，并将小朱这种行为反馈给了领导。

【支招】 ✒

人是群居动物，既然群居，就需要有团结协作的精神。案例中的汽车装配工厂，只要其中一个人不工作，其产品就无法顺利出厂——谁也不会购买少个螺丝、没有轮子的汽车。每个个体都是团体必要的一部分，两者缺一不可，这就是所谓的团体概念。

1. 评论功过要把团队表现放在第一位

作为领导，当你评功论过的时候，要把团队的表现而不是个人的表现

合作
才能飞得更高

放在第一位。电影中常可看到这样的镜头：一列特训队员中只有两名队员犯了错误，但领导者往往要命令全体队员一同受罚。起初，其他队员会怨恨那些犯错的队员，但日子久了，他们就逐渐明白所有人都是荣辱与共的，所以

他们就会主动帮助那些常犯错的队员一同进步，进行团队管理就是这个道理。这样做的同时不要忘记提醒员工们，任何人评价他们的前提是视他们为一个整体。对于小朱也可以采取同样的方法，通过整体批评来刺激小朱和团队当中的其他成员，让小朱充分认识到自己是这个团队的一分子，如果他老是工作不认真，缺乏团队精神，那整个团队都会因此而受到牵连。

2. 善于让团队来纠正个人的工作不足

一般情况下，你会认为纠正个人工作不足是你作为领导分内的事，但这更应该是整个团队分内的事。而且，高效的团体在纠正、提高成员的工作表现方面的能力要比大多数主管都强得多。当然这样做开始会很困难，但当员工们适应了之后，你会发现他们并不排斥让同一个办公室里的人谈论他的缺点。小朱毕竟跟自己的团队接触时间最长，先让跟他关系比较好的同事指出他的缺点并帮助其改正，更能让他接受，因为他们之间是对等

的关系。但是鉴于小朱这样不服管教的心态，团队成员在说的时候也要讲究方式方法，让他知道你是真心为他好的。

3. 绝对不要奖励无益于团体发展的个人表现

尽管有时候这样的员工也会有表现很出色的时候，但真正出色的成绩应该是那些可以帮助团队实现整体目标的努力，否则你会把好不容易建立起来的团队观念抹杀得荡然无存——请不要验证这一法则。

总之，团队的协作关系就好像登山过程中登山队员之间以绳索相连的关系。一旦其中一个人失足，其他运动员必须全力相救，否则整个队都无法继续前进，而当所有人的努力都无济于事的时候只有割断绳索，让那个队员坠于深谷，才能保住全队人的性命，而此时被割断绳索的往往就是那名失足的队员。

现代企业中，由于分工的不同往往会形成许多的小团体，它们的出现使各种管理工作变得更有趣、更有创造性，员工们在参与管理的愿望切实被满足后，会爆发出强大的工作热情和干劲，个人业绩也会有很大提高，整个企业在各个小团体的集体参与下变得井然有序，形成繁荣于内、昌盛于外的好局面。

但在实际生活中，许多团队名存实亡，原因就在于队员们缺少团队精神。像前面所提到的登山故事中，那名敢于割断自己绳索的队员所具备的团队精神绝不是一朝一夕就能养成出来的，这需要一个长期而潜移默化的过程。作为一名领导，你所要做的就是帮助每一名员工树立团队意识，这不但有益于你领导的工作，还有可能让你的公司发展更上一层楼。

第三章

如何对待特别的员工

特别的员工往往不同寻常，能力超出一般，却也因此而比较难管理。作为领导，不必为此头疼，对特别的员工就要用特别的招数，巧妙安置，区别对待。若做好了，能够为公司带来不可估量的利益。

如果员工能力强，不服管理，怎么办？ Q

》【案例】

　　小罗是电子计算机专业毕业的高材生，虽然刚进入公司不久，但能力特别强，他编的程序为公司带来了不小的利润。但是小罗属于新新人类，做事情喜欢我行我素，对于公司的各种规章制度视若无物，经常迟到早退，而且他认为编程也需要一定的灵感，并不是待在办公室就能解决的，所以每次领导找他谈话的时候他总会有一堆理由在那儿等着，是不服管教的典型。由于他能力特别强，公司不想放弃这样的人才，但是"刺头"又实在太难管理，这让领导很是费心思。

【支招】

　　像小罗这样计算机专业毕业的高材生，是公司不可多得又不想放弃的人才，但是公然视公司各种规章制度于无物，想要继续留用发挥他的才能，公司领导还是要想方设法好好解决才是。

1. 强化公司规章制度

　　企业拥有高技能人才固然重要，甚至可以说是可遇不可求，然而面对小罗这样不服管理的行为，依然要让他明白，公司有自己的规章制度，只有人人都按照规章制度工作，公司才能正常有序地进行。公司领导可以在规章制度中加入相应的条款，出现这样的问题会处以警告、罚款等，让他知道就算技术再强也有制度来约束他的行为，这种制度可以是有形的，如白纸黑字规定下来的，也可以是无形的，如企业文化、部门风气等。

2. 对其进行一定程度的包容

小罗这样的员工往往比较聪明或有个性，能提出一些奇妙的点子，在能力上与其他同事或者跟他的上级领导相比往往具有某种明显的优势，如工作能力比较强、工作经验更丰富、对公司交给的工作游刃有余、工作中往往能创造佳绩，或者手头握有公司的某种稀缺资源，正是基于以上的原因，造成这种"刺头"在心理上易产生的一种优越感，在工作中的直接体现有不服从管理、冷漠、自负、恃才傲物、自尊心强以及野心勃勃，不愿意跟同事交往，团队协作精神不强，根本不把直接领导当回事。

如果出现这样的问题，作为领导一定要有宽阔的胸怀，因为他是公司想要的人才，所以帮助他改变这样的缺点，让其更好地为公司所用也是非常重要的。可以找他进行一次深入的谈话，让他了解他跟公司是双赢的关系，只有他能更好地为公司服务，尊敬、支持领导工作，团结、帮助公司同事，才能获得别人的支持，公司才能名正言顺地为其推荐更高的职位。

3. 正确应用"鲶鱼效应"

公司可以着手招聘其他能力很强的同类型技术人才，在招聘时要着重观察该员工的职业素养，招聘一位职业素质高的人才，以此来让小罗这样的员工产生危机感，这就是"鲶鱼效应"。有对比才有上进，如此一来小罗便会意识到自己不是无可替代的，会意识到自身的不足，开始有改变的心思。

　　人生百态，员工自然也是各种各样的，公司中存在各种不服管理的人才也是非常正常的。因此在处理该类员工的时候领导一定要进行区分，利用自己的经验和做人处事的方法来合理解决，在公司中，不要自恃领导身份而游离于组织之外。从某种意义上来说，也正是因为有了这些不服管理的员工存在，才使企业团队不再是死水一潭，使企业更具有创新性和活力。

如果员工占有大量客户资源，不方便管理，怎么办？

>> 【案例】

宋女士作为公司元老级的销售人员，从公司创立之初就跟着公司领导为公司的未来打拼。但也正是因为这样的情况，导致很多客户打电话来根本不接受其他员工的服务，每次都直接找宋女士商谈预定产品等相关问题，而宋女士也从来不将手中的资源或者有效的资料、工作方法等分享给公司的新员工知晓。领导虽然心里不是滋味，但是又不能明说，因为宋女士毕竟没有做出太过分的事情，而且她手中握着如此庞大的客户资源，如果管理不当导致其辞职，那公司将遭受巨大的损失。面对如何管理宋女士的问题，公司领导几乎愁白了头发。

【支招】

像宋女士这样的公司骨干是最难管理的一类员工，因为他们占有大量的客户资源，一旦管理不当，使其生出跳槽的心思，容易造成客户资源的流失，给公司造成巨大的损失。

1. 设定公司专用电话

给公司每个员工配备公司指定的电话号码，要求员工与公事有关的事情统统用此电话进行对接，出现员工辞职或者人事变动时，则将此号码转交给接手的员工，这样客户与公司还是可以轻松对接。

2. 奖惩适当，避免他们恃宠而骄

对于拥有大量客户资源的骨干型员工，对其出色的工作表现当然要进行奖励和夸奖，但是要适可而止，避免他们恃宠而骄，给他人带来一系列麻烦；当他们犯错误或以自己优势的资源自居时，绝不要采取纵容和忍让的态度，要给予一定的批评，否则不足于服众，更容易导致他们蹬鼻子上脸。

3. 随时沟通，加强其对公司的忠诚度

平时可以经常抽时间与骨干型员工交流，随时了解他们内心的想法或者有没有什么困难之类的。以心换心，让他们知道公司对他们很重视，而且不会亏待他们，打消其潜意识中存在的一些偏见和个人的岐想，加强其对公司的忠诚度。

4. 注重人才培训，提高全员素质

在中国家庭式的管理氛围中，每个成员都被看做是家庭中的一部分，不管是树干还是树叶，树根把养分输给它们都是希望看见它们茁壮地成长，枝叶繁茂的大树才是真正具有生命力的大树。因此，有远见的领导者不仅会使用现有人才，还会适时地培养人才，尤其是具有潜能的人才，以此来保证自己的可持续发展。

平时可以鼓励员工继续学习文化知识，提升管理能力，定期开展职业竞赛等全面提高员工的职业素养，让每一个员工都有发展成为骨干的可能，给每一个员工发展的机会。这样既能激励整个企业的士气，还能增强

企业的凝聚力，带动全体员工形成企业的团队意识和群体效应，进而产生团队精神和新的组合力。

一个企业不仅要根深，还要叶茂。领导培训员工的最终目标就是让他们在原有的基础上有更突出的提升和改变，让他们都能够成功地完成作为企业一分子的责任。培养人才是提高企业团队意识、增强企业团队精神的有效手段，同时也是激活企业生命力的有效方式。因此，每一个想要实现可持续发展的企业都要注重对人才的培养。

如果员工要求加薪，但公司现状不可行，怎么办？

≫【案例】

一天，小雷敲开了领导的办公室，向领导递交了一张加薪申请，让领导很是为难。确实近来公司工作比较多，也比较繁忙，并且小雷也做出了非常多的贡献，经常自主加班，努力工作，很是认真负责。其所做的工作无论是公司还是客户都感觉非常满意，所以小雷提交加薪申请也在情理之中。但是由于最近公司很多尾款都收不上来，所以加薪不太可行。领导正愁着怎么跟小雷说才能既留住这样认真工作的员工，又不使其寒了心。

【支招】

像小雷这样提出加薪的人不在少数，想必每一位公司领导都不会陌生，面对员工提出加薪但公司现状不可行的状况，领导要找到行之有效的解决方法，既留住对公司有用的员工，又妥善解决要求加薪的问题。

1. 平心静气面对员工加薪的要求

想必公司领导都知道，现代企业奉行的是一种"商业价值"交换体制。这也是企业运营的核心原则，任何做法都应基于这一原则。

员工近期表现很抢眼，并且有了一些成绩，主动提出加薪，理由很充分。如果基于商业价值交换这一基本原则，作为领导的自己确实应该给他加薪。所以不要因为公司现状不可行就觉得员工提出的加薪要求是无理的，并且产生怨怼、抵触心理，认为员工不能体谅公司的难处。

此时，领导所要做的就是平心静气地面对员工加薪的要求，主动找员工谈话，将公司的现状，无法加薪的所有原因对员工讲清楚，让他明白不是公司不给加，而是现状的确不可行。鼓励他继续努力工作，等公司业绩好了，自然而然会根据具体情况为员工加薪。

2. 全面思考，让员工知道有加薪就有减薪

主动提出加薪很正常，主动提出减薪的话估计会被当成疯子，也没有员工会这样做。作为公司领导，可以让员工明白，工作不会一直总处在一种高成绩的亢奋状态，如果下个月、下下个月没有这个月做得好，员工会不会主动提出说：我这个月不如前两个月表现好，成绩也不如前两个月，现在申请减薪吗？如果不能，那公司也太吃亏了。

所以员工提出加薪申请时，领导可以跟他讲："加薪没有问题，最近你表现得不错，工作也很积极主动，认真负责，并且做出了满意的结果来。但是，如果发现你在今后的工作中，无论哪个月，只要工作成绩有所衰减，你能主动提出申请减薪吗？"如此一来，员工便会知道此时提出加薪是不合理的。

如果公司"顶梁柱"突然离职，怎么办？

»【案例】

老袁在公司最困难的时候加入公司，每天加班加点拼命工作才逐渐帮助公司领导将公司带入正轨，事业蒸蒸日上。可是最近，老袁忽然跟公司领导提交辞呈，无论公司领导如何挽留，都阻挡不住他要离职的决心。公司的"顶梁柱"突然离职，领导瞬间觉得懵了，极力思考接下来该怎么做。

【支招】

像老袁这样的公司"顶梁柱"要离职，对于公司的损失是不可估量的，任何一个领导接到这样员工的辞呈都可能大脑一片空白，但是领导还是要冷静下来，寻找最好的解决方法。

1. 弄清顶梁柱离职的原因

公司的顶梁柱不顾领导的挽留毅然辞职，必然有其辞职的原因，作为领导，一定要弄清这个原因，才能想到解决之道。

如果是员工在求职高峰期时突然离职，那么在一定程度上是因为员工找到更好、更合适的职位了。每年春节后的前两三个月是员工求职的高峰期，一年过去，企业要发展，人员要调整。于是很多企业都集中在此时大量补充人员，因此人员需求量较大，像老袁这样的顶梁柱类型员工更是众多企业的香饽饽，会有更高的薪资、职位等引诱他们勇敢地跳槽。

也有可能是外来压力迫使员工离职，当看到别的员工跳槽成功，拿到较高的薪水、有更好的发展，或者员工身边亲近的人不断在其耳边鼓噪、施加压力时，便会不自觉地两相比较，如果觉得自己比跳槽成功的员工更有能力、更有机会获得更好的发展时，员工们则会不由自主地选择跳槽。

有时，企业文化也会成为影响员工跳槽的原因。企业是否有好的企业文化，是否有好的文化氛围，在一定程度上反映出该企业的影响力。没有影响力的企业很难有号召力，而没有号召力的企业自然也不会有强的凝聚力。在世界名企诸如通用、微软等，每一家企业都有它独特的企业文化。而国内众多优秀企业也同样如此，比如海尔、万科的企业文化，它们都成为求职者趋之若鹜的品牌文化。

此外，企业领导者的管理风格也是影响因素之一。企业领导的管理风格对员工的工作情绪及工作积极性有较大的影响，如果是少数员工感到不适应企业领导的管理风格，员工们还会进行自我调整，但如果是多数，员工就不仅不会进行自我调整，还会认为这不是自己的问题，是领导的问题。时间久了会对领导心生反感，也就不会全身心地投入到工作中去，找不到工作的成就感，工作的乐趣也就无从谈起。没有了乐趣的工作，无异于一种慢性自杀。

2. 对顶梁柱离职做出即刻反应

这一点许多企业都没有做到。企业领导在收到员工尤其企业不希望出走的关键员工的辞职报告后，应在最短时间（建议5～10分钟）内做出反应（如中止会议及手头的日常工作和事务等）。任何延误都可能会使员工辞职的决心更强，企业挽回的可能性更小。企业领导应认识到没有任何一件日常工作比对提出辞职的关键员工立即做出反应更为重要。这样做有两个目的，一是向辞职员工表明员工在领导心目中比日常工作更为重要；二是在员工最后下定不可逆转的决心前，公司领导有最大的机会去改变员工的想法。如果领导能快速做出反应，那么主动权就掌握在领导手中。像老袁这样突然提出辞职的顶梁柱，领导无论当时在做什么，都最好立刻放下手中的工作，认真用心地与其进行交流、沟通，争取了解他内心的想法，然后再根据公司的现状看是否能够留住他。

3. 坚决做好保密工作

将"顶梁柱"员工辞职的消息严密封锁或尽最大可能缩小在最有限的范围内，这对辞职员工本人和领导双方都很重要。对员工来说，是为其在日后改变辞职想法、继续留在企业消除了一个障碍，否则这个障碍会影响他改变主意的决心。如果企业其他员工不知有人辞职，一方面可以避免辞职员工今后面对公开反悔的尴尬处境，另一方面也可避免员工辞职（即使最后留下）给企业带来的负面影响（如士气等），以及避免让其他员工去猜想企业为挽留员工做出的让步或答应的条件，以防其他员工日后仿效。而对企业本身来讲，在辞职消息公布以前，企业更有回旋余地。尤其是像老袁这样的顶梁柱，无论去哪家公司都可能起到举足轻重的作用，做好保密工作更加重要，既给他足够的尊重不至于闹僵，又体现出公司的大气，让他对公司存有恻隐之心，保有好感。

4. 平时注意聆听员工的心声

领导（一般为 1 ~ 2 人且为辞职员工信得过的人员）要立即约好辞职员工，找一个环境比较幽雅（以防企业其他敏感性强的员工察觉）的地方进行交谈，仔细聆听和记录，以找出员工辞职的真正原因，是非企业因素如读书、异地搬迁、出国等，还是企业因素如工作环境、待遇、人际关系、工作节奏、企业或个人的发展前景和机会等。另一方面，要尽最大可能了解清楚员工即将要去的下一个企业向辞职员工提供的且员工为此动心的条件。这些原因和条件显然是随后说服员工改变主意或制订挽留方案的关键。领导了解的内容应如实向上一级主管汇报，即使了解的内容中有对其他经理或辞职员工主管的微词。

5. 小额贿赂"顶梁柱"

根据"顶梁柱"的贡献，给顶梁柱类型的员工提供额外津贴如医疗保险、利润分享、旅游与补助贷款等，从长远来看，都会使员工觉得很特别，受到尊重。许多公司甚至备有"津贴手册"，每位员工可在一定额度内选择他想要的组合。所以，对员工成就的赞赏函、吸引人的任务、公开表扬、荣耀的头衔、特殊节日的小礼物（生日、结婚日）、运动比赛与表演的入场券、忙碌时给予短暂援助、免费咖啡与点心、愉快的工作环境等都是很有用的手段。

6. 注重员工忠诚度培养

维持员工忠诚度的条件处于变化的过程中。如果企业不能及时发现这些变化，并有针对性地做出令员工满意的调整，员工忠诚度很可能会下降到足以使员工产生离职念头的程度，员工也就会步入离职潜伏期。

离职潜伏期是员工离开企业的最后一道"闸门"，所以必须尽力采取有效措施，挽救员工特别是关键员工的忠诚度，防止人才流失，而且挽留成功与否也是检验员工忠诚度管理成效的重要标准。

从员工递交辞职报告到正式离开企业，这段时期企业需要做两件工作：其一是重新招聘合格的员工以填补空缺职位；其二是进行离职面谈。而后者往往被许多企业所忽视。

离职面谈，就是指安排一个中立人（可请专业咨询公司来进行）与即将离开企业的员工进行面对面的沟通。其主要目的是，了解离职员工真正的离职原因（可以和前面的分析结果相对照，来印证分析的准确性）以及其对企业各方面的意见和看法，从而发现目前在员工忠诚度管理及其他方面存在的缺陷，为今后员工忠诚度管理的完善提供依据。

达到上述目的的假设前提是，即将离开企业的员工会比较客观公正。研究发现，即将离职的员工有38%的人指责工资和福利，只有4%的人指责基层主管，但在此18个月之后有24%的人指责基层主管，只有12%的人指责工资和福利。因此，要想在离职谈话中发现真正的问题可能还需要作进一步的努力，例如，选择合适的离职沟通员，控制面谈时间，选择合适的地点，设计科学合理的面谈问卷，注意离职员工在谈话过程中的语气和形体语言等。

而且，领导要摆正心态，员工离开企业并不一定意味着对企业的背叛，离职后的员工仍然可以成为企业的重要资源，如变成企业的拥护者、客户或商业伙伴。因此，企业应该把忠诚度管理的范围延伸到离职后的员工，继续与他们保持联系，充分利用这一低成本资源。

如果员工希望继续深造，怎么办？

>> 【案例】

作为某高新技术企业的骨干，小叶的工作能力一直都是企业最强的，但是最近他却觉得工作逐渐力不从心，有种到了瓶颈期且无法突破的感觉。于是小叶向公司提出，希望公司能够提供继续深造的机会。小叶表示，只有深造才能解除目前的困境，更好地为企业的发展服务。可是企业领导所要考虑的问题却比小叶要多得多，领导担心的是学成之后万一小叶要辞职，选择更好的企业工作怎么办？那自己岂不是得不偿失？

【支招】

像案例中的这种问题很多企业都存在，特别是年轻人聚集的高新技术企业，此问题特别突出。一般来讲，很多企业都采取的是默认和支持的态度。如果因为继续深造的原因而产生员工离职，已经到了影响企业发展的地步，就应该考虑将继续教育作为对员工长期激励的一种形式，列到议事日程上来。

1. 为员工提供边工作边深造的便利

公司资助继续教育最担心的是，员工学成后辞职怎么办？如果公司出费用，费用如何收回？首先需要考虑的是，员工学成后是否一定要留在公司？如果不留在公司，公司一定就吃亏了吗？实际上，现在继续教育的形式有很多种，课程负担也不重，员工完全可以一边学习，一边在公司工作。

如果他读硕士，从他开始准备复习报考到毕业，至少可以在公司稳定4年；如果读博士则可以稳定5年。公司可以要求他报考与工作方向一致的专业，这样他对公司的贡献会更大。如果学费完全由公司承担，这样公司也不吃亏。试想想，公司给技术骨干"涨"了400元的工资，就可以让他们稳定4～5年。而这些钱按现金的形式发给他们，也很难能够让他们在公司长久地工作下去。

2. 实现公司和员工双赢

实际上，公司所担心的这些问题完全可以很好地解决，实现双赢。以员工深造所需的学费为例，员工的学费并不一定要由公司全部负担，公司可以在征得员工同意的情况下逐月在工资中进行扣除。假定员工的学费在2万元左右，4年平均每个月负担400元。公司完全可以在员工的工资中每月扣除400元进行偿还。按现在的薪酬行情，400元对于想要继续深造的公司骨干来说完全可以承受。

此外，也可以根据员工的工作年限、业绩等因素情况，公司承担不同比例的费用。比如对于业绩优秀的员工，公司可以承担100%的学费；对于业绩良好的员工，公司承担60%等。

资助继续教育作为公司对员工的一种长期激励，主要是为了激励那些能够在公司长期工作的骨干员工，所以并不是每一个员工都能够享受到这项激励。在制定相关政策时，公司可以作一些限制，比如在公司的工作年限、上一年度的工作业绩等。这些措施对新员工也是一种激励，从而降低公司的人员流动率。

3. 给员工一定的便利，加强其忠诚度

为了保证员工能够在上学期间在公司工作，公司可以协助员工联系本地的大学及相关的专业，另外，还可以对上学的员工实行相对弹性的工作时间，重点来考核他的工作成果，而非工作时间。公司还可以将学费按学期或学年进行资助，下一次的资助比例取决于上一次的业绩考评成绩。这样也可以有效地激励上学的员工做好本职工作。

从广义的角度上讲，公司资助继续教育政策的实施，还可以吸引更多的优秀人才为公司效力，既保证公司的长久发展，又加强员工的忠诚度。

如果核心员工离职后又想回来，怎么办？

>> 【案例】

　　眼下，许多企业都不同程度地存在人才流失和留不住人才的现象，包括那些发展看好、环境优越、诚信度高、机制灵活、守法经营的企业有时也未能幸免。其中，某贸易公司就存在这样的问题。可是最近，他们公司离职的某位主管又想回来工作，领导正在考虑是否要接收这位曾经辞职过的主管。

【支招】

　　现在人才流动率大，离开的员工想要再回到原来的公司工作也非常正常，此时，公司可以根据该员工往日的表现，选择接收还是拒绝。

1. 正确认识员工流动

　　现在的大环境很好，人才的巨大流动已非常正常。像索尼公司就有很多高级人才成为"猎头"公司追逐的对象。如果单从表面看，企业会因此产生骚动、不安，但实际上这也是公司人才被承认、被认可的一种表现。对于流失率一类的数字不能只从表面进行简单判断。

　　好的企业并不担心员工的流动，反而过低的员工流动率恰恰说明公司处于一种静止状态。宝洁公司的营销人员流动性较大,这跟他们的培训是分不开的。宝洁公司培训员工的时候,保持高度竞争和发展的人才机制是其中的重要组成部分。正因为这样,大多数招聘来的员工在三五年内就会脱离宝洁,原因在于个人和公司条件的局限不可能再升职,而公司最终留住的是最优秀的并且在工作中能不断接受挑战的经理人才。对于离去员工的个人发展来说,这也是值得的:从宝洁学到了最宝贵的经验,并因为宝洁的市场声誉而提升了个人的市场价值。这种人才流动不是损失,恰恰是一种双赢。

有不少领导误以为人才流动大就意味着企业留不住人才,实际上这是一种误解。在一个成长健康的企业里,旧人员的离开或许正好反映了新鲜血液的补充以及老的陋习被抛弃。因此,任何企业与个人都不能单纯地把人员流动大当做企业管理上的缺陷。无论如何,这些流失的人才仍是一笔宝贵的财富,他们离开企业后,并不会把他们的注意力完全地从那里移开,很多离职的人都会这么想:"我们到过的地方,我们会把我们的关怀一直留在那儿。"

2. 对待想回来的员工要有人情味

罗格·赫曼在《留住人才》里说:"对员工离开时所做的反应将筑成你跟他们永远的关系。"这句话同样可以应用在对待想回来的员工身上。

在现代企业中,当人才愈来愈像河流般地自由流动,企业再也无法像水库般将人才储存起来了。一如美国宾西法尼亚大学华顿商学院教授卡培里所说的:"不要把人才当做是一个水库,应该当成一条河流来管理;不要期待它不流动,应该设法管理它的流速和方向。"

所以,刁难离去又想要重新回来的人员只能是树立敌人、损坏公司形象。充满人情味地处理这类问题,可以更好地体现公司的企业文化和包容度,给员工或者外界人员留下一个好印象。

3. 正确认识回头的员工

员工当时离职可能是因为各种各样的原因，有自主的也有不得已的，如果没有跟公司闹僵，而是离职之后还保有很好的联系，那么完全还有合作的机会。现代社会，"好马也吃回头草"，比如企业有了新的机会、建立起了离职员工感兴趣的平台，或者离职员工对新的雇主、新的工作不适应或不满意，都可以回来继续工作。虽然不少企业和员工的关系是"人一走，茶就凉"，坚决不再重新录用曾经离开公司的人，但是美国的一位管理专家信奉的却是：回头的员工将成为我们最忠心的员工，他们回来后会令人难以置信地投入。

一家国有老厂的人才机制中很重要的一条是"鼓励人才流动"，甚至还"出钱"鼓励科技人才流动。实施来去自由的人才流动战略，除工资浮动、给住房、发生活安置费用等优惠条件外，还特别强调，大中专学生和科技人员来去自由，若要走，企业绝不强留，同时还鼓励他们考研攻博，读书期间还发500～1500元不等的生活费。

鼓励人才流动的机制不但不会造成大量人才的流失，相反，人才反而越"流"越多。对于其中的奥妙这位负责人一语道破天机："受厂里培养和优待的科研人员对企业有一种感恩的情结，这会给他们烙下终生不褪的心里烙印，他们会以各种方式报效厂里的。"这就是一种"为好马种下回头草"的非常具有智慧的做法。

4. 接纳离职的员工可以帮助公司看清更多的问题

摩托罗拉中国公司最著名的"好马"是曾任公司资深副总裁、中国公司董事长兼总裁陈永正，他在离开摩托罗拉、赴其他公司工作了一年之后重返摩托罗拉公司并担任了中国公司的最高职位。陈永正先生说："摩托罗拉公司对人才的高度重视和尊重是吸引我回来的重要因素。"

　　摩托罗拉不会对辞职员工有成见，如果员工再次回到公司，公司领导一定会问清楚他们为什么辞职，如果是公司内部有问题，一定会以此为戒。与此同时，摩托罗拉的"回聘"制度鼓励主动辞职的员工"好马要吃回头草"，尤其是欢迎所谓"核心人才"的前雇员回公司。因为前雇员已经熟悉企业文化、公司业务，较之新进员工降低了不少招聘和培养成本，很多重返摩托罗拉的员工往往还会受到公司的重用，原因之一是摩托罗拉认为他们在离开摩托罗拉期间转换了公司与工作岗位，会带给摩托罗拉更多的新经验和做法，摩托罗拉公司多元化的企业文化欢迎不同的经验分享与贡献。摩托罗拉非常重视"好马"的回头，为此有一套非常科学完备的"回聘"制度。这一点非常值得案例中的公司借鉴。

如果员工之间的小团体有盘根错节的关系，怎么办？

>> 【案例】

有不少人曾饱受拉帮结派、结党营私的小圈子之苦，早在东汉时就有党锢之祸，一群宦官与一群朝臣分为浊流、清流，打得不亦乐乎，打来打去终于把东汉王朝打到坟墓中去了，其后还演成了绵延几十年的混战。

李总是某集团董事长特聘的公司管理专员，帮助董事长管理公司工作，直接对董事长负责。李总进公司一段时间后就观察发现，目前所在的这家公司中，很多主管、员工都跟公司领导有着多多少少的亲戚关系，这盘根错节的关系让他一直在思考该如何有效梳理公司。

公司里有盘根错节的关系，对于公司的发展具有致命性的阻碍。

唐代的牛李党争使朝纲废弛，朝廷由于内耗严重，对地方藩镇失去了控制，唐朝从此由盛入衰，国势日弱。

宋朝围绕王安石变法陷入了新旧党争的泥沼，双方形同水火，势不两立，在朝廷中玩起了跷跷板游戏：今日这党上来了，对另一党的人一律贬官降职，打入冷宫；明日那一党的人又得势了，不但要把受打击的损失夺回来，还要加倍进行报复，将另一党的人打倒在地，再踩上一脚；可惜这一党的人并没有"永世不得翻身"，过了一段时间，他们的元气又恢复了，于是乎又进入新一轮的互相倾轧。

明朝末年的东林党与宦官的争斗也使本来就羸弱的明朝更加动荡不安，最终在农民军的冲击和清兵的马蹄下迅速灭亡。

当病症出现时，对症所用之药也必然会出现。比如清朝，就基本避免了党争之乱，这得益于清朝历代帝王的有力措施。清以明为鉴，认为明亡于党争、宦祸，清初即在各府县学设立卧碑，明示规章："不得妄立社名，投刺往来，亦不许用'同社''同盟'字样"，并强调，士人的一切舆论"应以朝廷之赏罚为是非""人臣尤当以君心之好恶为好恶"。

当然，也有人认为这"朋党"也是有区别的，比如欧阳修。他虽然承认"朋党之说，自古有之"，但认为人与人之间有的走得近些，有的走得远些，这本无可厚非，问题是看他们通过什么结合在一起。依据结合的信念和目标的不同，欧阳修分出了"君子之朋"与"小人之朋"的区别："大凡君子与君子，以同道为朋；小人与小人，以同利为朋。"君子之朋是"真朋"，因为他们"所守者道义，所信者忠信，所惜者名节。以之修身，则同道而相益；以之事国，则同心而共济，始终如一也。"小人之朋则不同，是"伪朋"，因为"小人所好者禄利也，所贪者财货也。当其同利之时，暂相党引以为朋者，伪也；及其见利而争先，或利尽而交疏，则反相贼害，虽其兄弟亲戚，不能相保。"

欧阳修所描述的"君子之朋"，在历史上是罕见的。因为所谓"朋党"，并不只是具有共同的政治目的和利益及共同的人生信念和品德，它还应当有着某种或紧密或松散，或固定或默契的组织上的联系，甚至要相互勾结，沆瀣一气，狼狈为奸。因此正直的政治家是不屑于此道的，但奸佞小人却精于此道，乐此不疲。

当大清王朝的雍正皇帝读到了欧阳修的《朋党论》时赫然震怒。他撰写了《御制朋党论》，对欧阳修大加挞伐。雍正皇帝认为欧阳修此文破坏了天尊地卑的君臣之分，"不能与君同好恶。上下之情揆，尊卑之分逆，则皆朋党之习为之害也。"于是，他声称，假如欧阳修活在今天而发此言论，"朕必诛之以正其惑世之罪！"

雍正皇帝之所以有这样激烈的反应是因为他深刻地认识到，组织若干人自成体系，经营自己的小圈子，党同伐异，是对领导权威的一种公然挑衅，是对组织团结的一种严重破坏。

员工拉帮结派，目的无外乎是两个：其一是形成自己的派系打击其他的同事，积累更大的力量进行内讧；其二是经营自己的势力，培植自己的死党对抗领导，伺机取而代之。不论哪一种都会危害整个组织的团结，会威胁领导的权威。所以领导绝不能容忍小圈子的发展，一定要坚决地把它砸烂！

对待此类小圈子，领导决不能听之任之，保留了他们的权威也就相当于削弱了自己的权威，无异于自杀行为。因此，对于结党营私的员工，明智的领导者一定会毫不留情地砸烂它。

双星集团总经理汪海在创业过程中就曾遇到过类似问题。当时，企业的组织机构存在严重问题，27个科室中，能干实事的寥寥无几，且大多效率低下，管理不善，因此进行机构改革裁减冗员势在必行。

但改革的主张首先受到了来自安全科的挑战。安全科势力很大，一个科室就占用一层楼，科员们个个待遇优厚，其地位之所以如此，原因在于这里的二十个人大多是领导的子弟亲属，被人称为"特殊王国"。对此，其他员工的意见一直很大。

汪海知道安全科很有背景，但如果容忍安全科我行我素，目中无人，那么自己以后的工作将很难开展，其他员工也不会服气，于是他打算拆除安全科的小圈子，彻底击垮这个"特殊王国"。

汪海下令，限安全科于第二天下午六点前将其占用的四层腾空，搬到指定的三间房子里。他知道这道命令必然会招来安全科强力的抵制。

果然，安全科的诸位特权者连夜开会，商量对策，决定"集体上诉"，到上级部门去告汪海的状；到了第二天中午，他们仍然占住四层，不肯搬迁，与汪海保持着僵持状态。

汪海知道这个小圈子的实力，也知道自己可能会因此而得罪某些上级领导，但为了企业利益，为了自身命令的有效性，他没有退却。

汪海马上召集党组会议，决定如果安全科再不搬迁，就罢免其领导。这一招果真灵验，谁都不愿丢了自己的乌纱帽，科长在即将宣布罢免令的最后一分钟终于屈服，开始搬迁。

从此，来自安全科的阻力被彻底破除了，其他科在汪海改革之剑的寒光下也不敢再有任何抵制情绪，规规矩矩地执行汪海的命令，机构改革的速度不断加快，为企业的生产创造了良好的条件。

领导者在砸烂小圈子、清除其内部团伙势力时，必然会遇到来自外部和团体自身的抵制和压力，这时领导者不能手软，要一打到底，不给其留有生存机会，否则复苏后的小圈子势力将更加膨胀。汪海在机构改革中面对"特殊王国"安全科的抵制并没有退却，而是采取更加有力的措施将其逐渐击破，维护了企业的利益，也树立了自身的权威。

虽然古代有许多皇帝故意纵容大臣形成小圈子，以便于自己从中控制，坐收渔人之利，但实际上这样做对于整个组织是不利的，而且一旦某个派系变大，那领导者自己就很难驾驭了。"小圈子"中的"小"不是指其能量小，人数少，而是针对它只为少数人谋私利，在组织上排斥大部分人，只注重自己内部的利益，不管全局的利益而言的。有时候，"小"圈子实际上人数众多，其成员大多占据要位，活动能量颇大。领导一旦纵容和漠视小圈子的发展，任其势力膨胀而不加干预的话，那它就会持续扩张，或割据一方，搞独立王国；或藐视领导，公然向最高领导者挑战，这种尾大不掉之势一旦形成的话，就很难处理小圈子和整个组织之间的从属关系了。

此外，要注意的一点是，即使在一个公司中，经理也不要容许中层干部相互串通勾结或编织自己的一套体系，要坚决砸烂小圈子，让大家都能从全局出发，为全公司利益着想。

第四章

如何下放权力，培养员工

权力一直都是一把双刃剑，过分集中容易导致不良沟通；过分松散容易招致管理弊端。因此，作为一位英明的公司领导者，懂得如何下放权力、培养员工，至关重要。

如果员工工作没有动力，怎么办？ 🔍

》【案例】

在某公司有这样一位领导，他常常对员工采用前后矛盾的管理手段：因为担心员工说自己大权独揽，因为怕束缚员工的创造能力，他适度地放手，委员工以重任；但是，在员工工作的过程中，他又今天来问一问进度，明天来考察考察情况，后天又督促检查问题……这样违反"用人不疑，疑人不用"原则的领导让公司的员工极为无奈，严重影响了公司员工的积极性，导致工作完全没有动力。就像金小姐抱怨的一样："既然把方案交给我来写，就是对我的能力表示有信心了，那干嘛还老是来检查我写得怎样，指手划脚地叫我修改呢？最后，我的思路没办法得到贯彻，时间又过去了。不能按时交上方案，责任又落到了我的头上，说我没有效率。这样我哪还来得工作动力，反正到最后都会被批，不如就这样随便工作着吧，何必那么拼命。"

【支招】🖋

在工作当中，员工会因为各种原因而失去了工作的动力，像案例中的金小姐抱怨的一样，名义上放权又东问西问的领导也会让人失去工作的动力。如果领导想要避免因为自己的原因而导致这种问题，最好做到以下几点：

1. 放手让员工分担责任

领导要想调动员工工作的积极性，就要合理运用手中的权力，最大化地促进和推动团队的进步，光解开员工的束缚、让员工自由发挥是不够的，还要让员工勇于承担责任。

绝大多数员工都喜欢从事责任更重大的工作，他们往往想："让我做更重要的事吧！""责任感越重的工作，做起来越有价值，动力也越大。"

为什么员工想承担更大的责任呢？最大的原因就是责任会显得承担者更有能力和分量。责任越是重大，才华就越是能够得到彰显，员工的自我价值也越能够得到体现。每个人都希望别人能看重他，希望别人认可他的能力和价值，而承担责任就是一个最好的机会。这是一种员工的普遍心理，领导要好好利用，充分地激发起员工的工作欲望。

汉高祖刘邦在评论项羽和自己时说："运筹于帷幄之中，决胜于千里之外，我不如张良；治理国家，安抚百姓，筹划支援前方的军队，我不如萧何；联络百万大军，战必胜、攻必取，我不如韩信。这三个人都是杰出的人才，我能好好地运用他们的才能，于是得了天下。项羽虽然豪雄盖世，但只是匹夫之勇，他不懂得用人，不让手下也出一份力，于是就失去了天下。"

刘邦所说的用人，就是让手下人分担责任。他承认在这些方面不如他们，于是就把这些事情交给他们去负责，自己只是主管全局，最后收获了丰厚的成果。而项羽却做不到这点，对手下人总是不肯放权，而且刚愎自用，只相信自己一人之力。所以，他不光是留不住韩信，也气跑了范增，最终，落得个四面楚歌的境地。

两人之所以会有这么大的差异，主要还是用人态度的不同。刘邦是中国古代第一位布衣皇帝，他出身寒微，也没有什么文化或者了不得的本领。他最大的长处就是通过让手下多承担责任的方式，招揽和运用人才。

两千多年前的古人刘邦，可以说具有很现代的管理思想。他的成功之处也正是项羽的失败之处，项羽手下人才纷纷流失，其中还有很多"弃明投暗"者，投靠到刘邦当时比较弱小的阵营，这与项羽不肯给予手下人权力、授予他们责任是分不开的。

对于现代领导来说，多让员工承担责任，好处多多。

首先，就是能分担自己的担子，完善补充自己的不足。现代领导的工作非常繁杂琐碎，千头万绪无从抓起，光靠自己一个人的力量是不可能面面俱到的，即便是再有才华的领导也容易出现纰漏。如果适当地让员工分担责任，就能减轻自己的负担，可以抽出时间和精力来筹划总体。

其次，能充分调动员工的积极性，拉近与员工之间的关系。一个总揽大权的领导只会引起员工的不满和抗拒，觉得他权力欲强，自以为是，总是一个人唱一台戏，不肯给员工和手下人表现的机会。于是，员工做事也没有干劲，认为反正自己做的都是些无关大局的小事，做好做歹也没有什么关系，别人反正不会在意。

但是，如果领导肯放手让员工多承担责任，局面就会大大改观。员工们会觉得领导体恤下情，不忘给员工制造进步的机会，有栽培员工的大度和气量。于是他们会感激不已，干劲十足，想让自己的能力得到别人的认可，让领导的心意不至于白费。这时，团队的冲劲就上来了，公司的业绩也就上去了。

再次，多让员工承担责任，能最有效地挖掘员工潜力，培养和锻炼人才。如果总是让员工做些端茶倒水的小事，是发现不了他的才能的。比如，领导可以让员工写计划方案，观察他的策划能力；可以让员工去待人接物，观察他的公关能力；可以让员工去制作报表，观察他的思维是否缜密；可以让员工去领导实施工程，观察他的管理能力。很多时候，连员工自己都未觉察的潜力就能这样体现出来，为领导所用。

员工是领导手中握有的财富，开发他们的价值，培养他们的能力是非常有益的。所以，领导应该摆正心态，不要忌讳员工的光芒掩盖过自己，要大胆地将重担分给他们来承担。

有了这几个方面的好处，有了能促进团队进步，创造整体效益最大化的捷径，难道还不足以引起领导的重视，开始放手让员工承担责任吗？

2. 创造各种机会，让员工施展才能

案例中的领导从表面上来看是给员工创造了施展才能的机会，但是却一直在监督、问询当中，既让自己很累，也打消了员工的积极性。要知道，一个人总不能什么事情都做。一个人如果又是将军又是士兵，岂不是光杆司令？所以，聪明的领导总是鼓励员工放胆去做，因为做好了，企业得利，员工有"能干"之实，而作为上司的你，自然少不了"善识人"之名。

美国科学家、史学家罗维特·默顿研究发现，那些拥有很多资源包括财产、名誉、地位、学识等的人往往可以得到更多的资源；而那些缺乏资源的人，他们即使花费很多的精力，所获得的东西也是寥寥无几的。

这就是富人越来越富，穷人越来越穷的"马太效应"。

很多企业中也存在着"马太效应"。企业领导们总是只相信那些已经做出成绩的员工，而完全忽视"无名"却有才华的员工。作为一个优秀的领导者，一定要理性地意识到，虽然企业中的核心员工至关重要，但很多非核心员工也具备了成为核心的潜能，并且他们的工作也很重要，也能出色。所以，即使是公司里的无名之辈，只要做出了贡献，就要及时给予奖励，让这些人感到前途一片光明。而对那些没有贡献的人，要让他们知道"按劳取酬""不劳者不得食"的道理。并且要为他们创造机会，使他们勇于施展自己的才华。

领导要了解有哪些工作即使是在空闲时员工也会去做。帮员工创造机会，让他们有更多机会去做这些工作。例如，某个业务员一有空就喜欢拜访潜在大客户，那么，领导就可以让他接手较大客户的项目，这一挑战必定会令他振奋不已。如此一来，工作没有动力的问题就不存在了。

实践证明，按部就班、毫无挑战性的工作最能消磨斗志，要想员工有出色表现，必须给员工提供一份能施展其才华的工作。其次就是领导们不光要指导员工如何在工作中成长，还要给他们提供学习最新技能的机会。

另外，要以工作业绩作为标准来评估和提拔员工。任何一个优秀的领导都应该遵行此准则。凭资历提拔员工的这种方法不但不能鼓励员工争创优绩，还会养成他们观望的态度。当然，关于工作业绩，作为领导就需要在企业内部制定一整套从内部提拔员工的标准。

员工在事业上有很多想做并且能够做到的事。公司到底给他们提供多少机会去实现这些目标？最终，员工会根据公司提供的这种机会的多少来衡量公司对其重视程度，从而决定自己对这份工作的态度。

3. 群策群力，让员工参与管理

市场残酷的竞争环境迫使所有的企业都在寻求积极向上的员工，这也就意味着企业需要高素质的员工。不可否认，所有人的行为都被这样一个问题所驱使："这事到底对我有什么好处？"所以，要使员工有积极主动的工作态度，关键是想办法通过不同的手段来满足员工的物质利益和精神追求。

领导不是天才，这是最普通不过的道理。那些所谓的"天才领导"，应该是群策群力、集思广益的领导。

能够从大家的智慧中提取合理有效的见解，从而为企业制定一条正确的前进路线，这就是"企业王国"中的和谐定律。简而言之就是"让员工具有主人翁意识"。也就是说领导者在安排工作时要明确目的和把握全局，不要是只告诉员工"你现在该做什么"，而是要让员工了解在团队中所处的重要位置。

有些领导认为："员工只要干好当前的工作就行了，没有必要了解事情的全局，因为我才是整体调度者。"这种观念是完全错误的。如果你的员工不了解事情的全局，那么他就只能完全按照你的表面意图去工作，不敢越雷池半步。工作中遇到任何问题他都要向你汇报，因为他不知道如何处理才是正确的。长此以往，你的员工会成为你的"跟屁虫"，工作能力绝不会有任何长进，反而依赖性则会逐步升级。

让员工了解事情的全局，这样员工在工作过程中遇到问题，就知道应该怎样与其他员工密切配合，从而顺利完成工作，工作效率自然会大大提高。了解全局，员工就会明白基本的做事原则，在一些细节上就会灵活处理。久而久之，员工就会认真去思考自己的工作，并且会将自己的一些建议和想法告诉上级，对于领导来讲多了一个好参谋，员工的干劲也会更足。

领导们的目标明确之后，就可以开始实施具体方案来使员工积极参与到公司事务中来了。

首先，为员工出色完成工作提供信息。这些信息包括公司的整体目标及任务，需要各部门完成的工作及员工个人必须着重解决的具体问题。

真诚交流不仅能使员工成为参与经营决策的一分子，还能让他了解经营策略。这些信息不仅要在项目或任务刚开始时提供，在整个工作过程中及项目即将结束之时，也应该源源不断地提供给他们。换句话说，领导们必须有定期的反馈。正如《一分钟经理人》一书的作者肯·布兰佳所强调的："反馈十分重要，简直是冠军的早餐。"

其次，领导还必须明白的是，做实际工作的员工才是该项工作的专家。所以，领导们必须听取员工的意见，邀请他们参与制定与其工作相关的决策。如果把各种有效交流和双向信息共享变成经营过程中不可或缺的一部分，相信员工一定会乐意成为公司里的骨干。接下来，领导们要做的就是建立便于各方面进行交流的渠道。员工可以通过这些渠道提出疑虑和自己所关注的问题。公司鼓励员工畅所欲言的方法有很多，如员工热线、意见箱、小组讨论、总裁举办答疑会及"开放政策"等。

能让每一位员工充分发表意见，并把这些合理意见落到实处，这样的领导才是"天才的领导"。

4. 协助你的员工获得成功

在员工工作的过程当中，领导要摆正自己的位置，明白自己只是协助员工获得成功的人，学会放权。因为员工如果普遍不满领导的插手行为，就会像案例中的金小姐一样，因为领导接二连三的插手而失去工作的积极性。

诚然，员工都能够理解领导不放心的心情。员工初次担当大任，接受并不熟练的工作任务，难免会感觉生疏，或者缺乏经验丰富者的眼光和判断力。但是，领导应该知道，这份责任是自己交代给员工的，即使员工还很不成熟，可是自己的眼光是老道的。既然把这份任务交给了他，不就是认为他具备这方面的潜力吗？经验只是一方面，人最重要的还是能力。如果自己已经认为员工具备某种能力，为什么不让员工自己去安排事务，完成目标呢？

领导对员工工作的干涉，首先就体现出对自己眼光和用人方式的怀疑。一个对自己的决策都不敢确定、总是犹犹豫豫的领导，怎么能让员工信赖呢？又怎么能带领整个团队共同发展？最终的结果只能是丧失自己的威信和在员工之中的影响力。

其次，领导干涉员工的工作是表现出对员工能力的怀疑。也许在刚开始受到委任时，员工还对领导非常感激，佩服领导的气量，感激领导的知遇和提拔。那时候员工的心态应该是非常积极、动力十足的。可是，随着领导对自己工作的不断干扰，员工的这种心情也会被慢慢消磨殆尽，转化成一肚子的不高兴和怨气："你摆明了不信任我的能力，那我还有什么好说的呢！你说怎样就是怎样吧！我也没有兴趣用功了，反正你也不会采纳我的想法。"

这样发展下去，最终的工作成果，往往掺和了员工和领导两者的思路，而且多半还以领导的思路为主。用这种方式完成工作，根本不能算是领导给员工提供了展示才能的机会，不仅不能满足员工实现自我价值的需求，看不到员工的真实潜力，还会让员工对领导感到失望。

最严重的是，这样完成的工作其质量到底如何也不好预计。因为毕竟是由员工负责的，领导就算是再怀疑再担心，也不好意思全盘接下，越俎代庖。领导怎么着也要表示一下对员工的尊重，吸取一下员工的想法。这样就出现了一种滑稽的场面：一方面是员工的消极懈怠，一方面是领导的指导和修改。这样做出来的东西既没有体现员工的创造性，也没有完全吸收领导的丰富经验，怎么能让人满意呢！

而且，连领导自己也不能否认，经验的反面就是局限。习惯成自然，一个经验丰富的人是很少有勇气去打破自己形成的固有观念的，他往往会不自觉地沿着固定的模式来考虑问题。在这种时候，具备一定能力而又没有经验束缚的员工的想法，就显得尤其的可贵。他们能很容易地打破条条框框，直奔主题，提出一些让领导都觉得惊讶的意见。很多时候，这些意见都是值得采纳的。

所以，既然已经任用了某个员工，依照自己的判断分派了任务，领导就要怀有信任的态度，放手让他去干。这等于是帮助员工铺设了一条通往成功的路，给他提供了一方翱翔的天空。等到员工成功的时候，他会感激你的协助，从此在你的率领下勤奋工作，逐渐成长。而对领导自己来说，既得到了赞誉，又实实在在地收获了一位得力助手，何乐而不为呢！

如果员工感觉自己没有存在感，怎么办?

>> 【案例】

　　某煤矿发生一起井下塌方的严重事件，人员伤亡和经济损失都非常惨重。灾后，救灾和恢复生产的任务极为繁重。当时，工人们思想混乱，各方面的困难都很大，解决得不好，整个企业就有倒闭的危险。为此，上级派了一个姓熊的科长前去帮助进行救灾和恢复生产的工作。

　　这个熊科长以前曾以工作组副组长的身份在这里工作过一年多，全矿500多个工人，绝大部分人他都能叫出名字来。他一到矿上，就和工人们一起动手。直接指挥救灾的矿长由于很少下矿井，对井下的情况和井下工人都不熟悉，指挥很不得力。在这种情况下，熊科长就在现场直接叫着每个工人的名字，组成一个个抢救班子和突击队，然后自己和大家一起干。大家都乐意听他的安排，救灾工作进行得非常顺利，很快便恢复了生产。后来工人们联名上书，硬是请上级批准，留下他当了矿长。

　　试想，如果这位熊科长没有记住员工的名字，让员工感觉自己在领导面前没有存在感，那么他也就不会得到如此拥护，最终留下来做矿长。

对于公司的员工而言，领导一般都是高高在上的存在，总是在指示、指导、发布命令，让员工觉得自己没有存在感。因此，如果想要员工觉得自己有存在感，最简单的方法就是像案例中的熊科长一样，记住员工的名字。

1. 了解记住员工名字的重要性

大大小小的出版物上无一不印有作者的大名。大部分电影、电视观众会忽视对影视片前后一长串的名字，而有名字者本人的心情却完全相反。

法国大作家雨果最热衷的，莫过于希望有朝一日巴黎能改叫做"雨果市"。点名的时候，如果念错了字，即使那人来了也不会答应。写错了名字，即使错误的名字比他的本名更优美，也只会使人扫兴。

不论是在报纸上还是在文件上，只要知道自己的名字在这长长的名单之中，人们首先寻找的就是自己的名字。谁都希望自己的老师、领导能尽快地知道自己的名字。那么人们对自己的名字为什么如此感兴趣呢？

原因很简单：人人都希望受到尊重，这是自尊的一种表现。美国教育家戴尔·卡耐基说："记住别人的姓名并容易地呼出，你即对他进行了巧妙而有效的恭维。"

每个人都有这样的感觉，30 年甚至 40 年不见的儿时朋友或者同学见面，如果仍然能叫出自己的名字，该是多么的高兴。接触很少或者仅在很短的时间内会过一次面的人下次见面时，如果能叫出自己的姓名，会给人一种一见如故之感，使人感到格外亲切和高兴。

如果一个单位人数很多，某人很少与领导打交道，估计领导根本不认识他，但有一天，领导走到他面前，紧握着他的手，像老朋友一样叫他的名字时，他将会非常激动。他准会说："在这样的人手下工作有意思。"像熊科长一样能记住全矿 500 多名员工的名字并且现场直接叫着每个工人的名字，对于员工的鼓舞可想而知，因为每个人都希望被别人记住。

作为领导，毫不迟疑地直呼其名，会让员工产生存在感，领导如果掌握了这一艺术，可以大大改善与员工之间的关系，就可以指挥自如，使工作顺利进行。

2. 掌握记住员工名字的方法

想要记住员工的名字，最先要做的就是当对方介绍姓名时聚精会神，记在心里。对于公司领导而言，不要因为是普通员工就忽略其姓名，要知道他也是公司的一分子，也为公司的发展在尽心尽力。即使领导因为忙碌没有亲自参与面试，也最好在以后亲自过目了解员工资料，并将其记在心里。

如果一时半会儿记不住员工的名字，也可以记住每个人的特征。人有多方面的特征，有外形的特征，如眼睛特别大、胡子特别多、前额很突出等；有职业上的特征，如他最擅长某一项技术，在某一项领域、学识上有受人称道的雅号等；有名字上的特征，有的名字中故意用些生僻的字或者是很少用来做名字的字，有的名字与某几个人的名字完全相同，这本来是没有特征的，但可把"同名共姓"作为一个特征，再把他们区别开来就容易了。把名字与人的特征联系起来，就容易记忆了。

随时备个小记事本，记录名字。如果是尊贵的客人，切不可当面拿出小本来，只能背后再记。但对员工，你可以说："我记忆力差，请让我记下来。"员工不但不会讨厌，还会产生一种被尊重的感觉，因为你真心实意想记住他的名字。为了防止以后翻到名字也回忆不起来，除了记下名字以外，还要把基本情况如单位、性别、年龄等记下来。这个小本要经常翻阅，一边翻一边回忆那一次会见此人时的情景，这样，三年五载以后再碰到此人，你也可以叫出他的名字来。

3. 多与员工接触

在日常工作中，一有时间就深入到基层，同其他的员工或一起干活，或一起玩乐，或促膝谈心，或共商良策。这样的领导者不但能叫出员工的名字，连员工在想些什么都能说得出来，这会用领导的个人魅力征服员工，让员工死心塌地为其效力。

如果员工总是抱怨，怎么办？

≫【案例】

最近公司工作特别忙，导致笑笑已经很久没能好好休息，也很久没有跟男朋友约会了。这让笑笑非常烦躁，总是抱怨说："公司怎么这样啊，连下班时间都不放过，而且还是不给加班费的加班，真是的，不仅累还占用自己大量时间，得不偿失。"不仅笑笑在抱怨，公司里也有其他员工在抱怨，比方抱怨薪水与付出不相符，抱怨绩效考核不公正，抱怨领导不识才，抱怨公司制度不规范……

领导偶然听到了员工的抱怨，认为这件事情必须好好处理，不然容易导致员工情绪不稳，影响工作不说，对公司的形象也有一定的影响，所以公司领导在积极寻找解决抱怨的方法。

【支招】

对于笑笑这样爱抱怨的员工，至少有一点还是值得领导们肯定的：他们往往能够让领导注意到一些真实情况，即领导最想了解的一方面。因此，作为领导不要过分反感爱抱怨的员工，要善于聆听重点。想要将爱抱怨的员工引上正轨，公司领导需要做到以下几点：

1. 即使是领导，也要尊重员工的意见

作为公司领导，一定要避免在尚未征求员工意见之前就贸然作出与他

们切身利益相关的决定。如果能让他们充分感受到他们参与到了新变化或新方法中来，这些人也许就不会抱怨得那么厉害了。

2. 不要压制抱怨

压制抱怨是十分幼稚而武断的行为，根据抱怨的产生根源可以看出抱怨的产生是必然的。古代曾有一位暴君，他因为十分憎恶百姓们对他昏庸残暴的议论而大兴牢狱，对人们任何言语所犯的忌讳都要兴师问罪，最后弄得人们都不敢随便说话，只能"以目示路"，即路上遇上熟人也只是使个眼色，表示打招呼。一位正直的大臣直谏道："您虽然可以用这种手段控制住百姓的口，但却不能控制住他们的心，这样下去早晚会激起民愤的。"昏君依然不理睬，果不多久，人们再也无法忍受这个暴虐的国君纷纷揭竿而起，推翻了他的统治。

所以，强迫别人隐藏自己的看法，尤其是一些对事物持否定意见的看法，是十分危险的，因为这会潜移默化为一种聚集的力量。就好比火山的活动，对于一个时常有些小活动的火山来说，出现大规模的火山爆发的可能性要比那些每隔一个较长的时间才爆发一次的火山小得多，因为它时常有些小的喷发，没有为以后留下多少能量的积累，而活动周期较长的火山却因为自然能量的长时间不断的积累，容易造成大规模的岩浆喷发。所以，适时地让员工们发发牢骚也是让他们随时释放自己内心中不满情绪的一个很重要的方法，只要控制得当，是不会造成太大危害的。

3. 了解抱怨产生的原因

了解抱怨因何而产生是最终消除抱怨的前提。从某种角度上说，抱怨也为你提供了一些发现问题的机会。比如，最近部门里加班的时间越来越长，而且次数越来越多，但全部都是为了一些没有意义的工作；或者办公室里的旧电脑运行速度越来越慢，大型的办公软件根本无法使用，这大大降低了员工们的工作效率；或是小王好像有点不对劲，老让同组的同事替他做工作……总之，许多领导平常注意不到的问题，都是通过抱怨而外现的。

4. 公开解答员工提出的问题

在员工的很多抱怨当中，有些抱怨是针对公司的一些规定和既成的事实，比如工资少、福利不够高或是别的什么，是你在短期内不可能也没有必要去解决的问题。那么消除抱怨的最好方法就是在公开大会上明确地对这些问题予以答复，并要告诉员工即使他们再不满意，有些东西我们也只能试着去接受它，一味地抱怨是毫无用处的。

如果员工抵触绩效考核，怎么办？

Q

>> 【案例】

为了调动每一位员工工作的积极性和分配的公平性，某公司推行了绩效考核。推行一个月之后，有几个员工突然提出了辞职，王经理觉得很纳闷，干得好好的为什么忽然要辞职。经过与员工详谈之后才发现，员工是觉得绩效考核订的任务太重，将自己逼得太紧了，工作压力大不说，还随时面临着扣工资的重罚，所以干脆提出了辞职。

【支招】

绩效考核需要用心，懂得人情世故，不要希望一个制度或命令就让员工会一直努力工作。其实很多人对绩效考核有抵触也是正常的，因为绩效考核如同鞭子一样，一直抽打着员工要不断地朝着目标前进，如果松懈则有不达标的可能，随之而来的就是工资、福利等受损。因此，当员工对绩效考核存在抵触心理时，领导要做到：

1. 要真诚倾听，全面了解真实信息

每一位员工进入公司之后都是公司的一笔无形财产，员工辞职就代表着公司会有所损失。因此，推行绩效考核之后有员工离开，领导要及时真

诚地倾听员工内心的想法，全面了解真实信息，看看是什么原因导致了员工因为绩效考核而离开。如果是因为绩效考核任务量定的太重，那么可以根据每位员工的具体情况重新制定科学合理的任务量；如果是因为员工本身比较懒散，没有什么上进心，那么可以先与之谈话，告诉他们这是一次证明自己的机会，如果绩效考核次次通过，无形之中自己的工作态度、工作能力都会有所提高。

2. 结合工作要求制定任务量，多劳多得

结合公司的具体情况，制定出一个基础工作量，在基础工作量之上再根据每个员工的工作能力制定任务量。不过需要指出的一点是，如果任务量不同，会让任务量多、能力高的员工感到不公平，因此最好的方法就是基础工作量决定工资，在基础工作量之上完成的任务量再按照档次不同制定不同的薪金，实现多劳多得。这样既能照顾到能力强的员工的心态，又能刺激不认真工作或者是业务能力还稍有欠缺的员工奋发向上。

3. 切忌连锁反应

正能量能够传播，同样，负能量也能迅速影响一个人，甚至比正能量的传播速度和影响力还要大。每个人的心中都住着一个"祥林嫂"，受委屈、压力大、心态不平衡时都容易出现倾诉的欲望。因此，公司一旦出现某位员工对绩效考核存在抵触心理，一定要及时发现并找其谈话，解决问题，否则容易形成连锁反应，导致越来越多的员工对绩效考核存在不满，这会直接影响公司氛围和工作。

4. 绩效考核实施要有制度保证

如果绩效考核不是真正为了让员工自动发生行为改变，仅仅是为了让领导对管理结果不满意时平复心情而扣点钱，结果当然是不理想的。领导只有对员工用心付出，才会有所收获。公司宏观的绩效考核是否做得好，取决于每个微观的绩效考核。因此，要制定规章制度保障绩效考核，做得好的有所奖励，做得不好的有所惩罚，让员工的绩效考核得到制度的保障。领导和绩效推进的总负责人要及时创造有利的环境促进绩效考核的实施，对于减少员工的抵触心理非常重要。

5. 绩效考核取决于中层管理人员的素质和责任心

绩效考核需要耗费大量的时间，通常情况下，稚嫩的领导会心有余而力不足。这种情况下，如果以应付心态对待，久而久之，员工就会分化为两类：一类是对考核结果漠然，一类是忍受。冷漠型员工认为：绩效这回事啊，就是扣钱。每个月不论做多好，总是要被扣掉一点点钱。不可能让领导每个月都欣喜若狂给我打 10 分。憋屈型员工的表现则是：两眼红红地来到人事部倾诉或投诉。

对过去一个绩效周期内领导与员工的工作进行总结，以消除员工对绩效考核的抵触心理。这些总结包括：

制定考核指标和考核标准的时候，员工是否参与？

员工的意见是否得到了充分的表达？

双方在考核指标和考核标准上的分歧是否已经达成一致？

在绩效周期内，领导是否主动与员工沟通绩效问题？

是否提供了必要的帮助和辅导，影响绩效目标达成的障碍是否被明确识别，并被及时清除？

员工是否主动与领导沟通绩效问题，领导提出的建设性改进意见是否得到了执行？

这些问题在绩效考核的时候进行回顾，非常必要。因为通过这样一个总结，能让员工感觉到领导是在帮助自己，领导在绩效考核中所表现出来的角色是支持者和帮助者，而非简单的考核者。

只有按照以上方法消除员工对绩效考核的抵触心理，使其主动配合领导，双方才能共同完成绩效目标，使绩效考核成为双方探讨成功的机会而不是批斗会和菜市场，减少双方的互相指责和摩擦。

如果员工吹毛求疵、爱辩论，怎么办？

>> **【案例】**

小蓉是个性格缺少弹性、比较信奉规则的姑娘，一旦公司领导下达指令有任何不清不楚的地方，小蓉就容易跟领导辩论，这样执行工作容易出现漏洞，到时候肯定会影响到结果。领导觉得小蓉吹毛求疵、爱辩论，不给自己面子；小蓉则觉得领导措辞有问题，如果不说清楚要求到时候出了问题需要自己担责任。面对这种两不理解的情况，领导希望贯彻工作，应该怎么扫清小蓉身上的缺点呢？

【支招】

对于小蓉这样性格缺少弹性、吹毛求疵、爱辩论的员工，领导要做的就是对症下药，了解吹毛求疵、爱辩论员工的问题根源，从而找到正确的方法管理他们。

1. 领导言辞要精准，具有权威性

因为小蓉这样吹毛求疵型员工缺少弹性，信奉规则，所以，在沟通时领导要选用精确的措辞，不得模棱两可，而且要有权威性。因为吹毛求疵型员工强烈的批判精神会让他们抓着机会就和你辩论一番。在分派任务的时候要有清晰的架构及精确的目标，并给他们制定出明确的流程。

2. 注意目的性与准确性

在批评此类吹毛求疵型的员工时也要注意目的性与准确性。领导要明白，批评的目的在于促使人认识和改正错误。你只有解决了目的性问题，才能使员工们从你的批评中找不出漏洞来，也才能体现你真诚的友爱、如火的热情、诚挚的精神；才能显示出你诲人的诚意、容人的雅量和帮人的耐心。

在批评中，对有错不认错的必须严肃批评，对已认错的要适可而止、见好就收，特别是那种已经知错而且心理压力较大的员工，不应再加以批评，而应给予安慰。

这就好比一个孩子在家中洗碗碟不慎打碎了碗，有的家长一味训斥责骂，使孩子愈加惊恐害怕，而有的家长虽然也批评孩子做事不经心，但侧重点是告诫孩子今后要小心，这两种教育孩子的态度所取得的效果是截然不同的。

同理，员工出现失误和错误，既要分清性质、程度及危害，不失时机地予以教育处理，又要与人为善，留点面子，不伤其自尊，避免因方法不当激化矛盾，以致产生对立的后果。

3. 引导他们接受"瑕疵"

作为领导，要说服吹毛求疵者接受不完美，因为完美只是人们在特定时间、特定情况和特定标准下的一种主观看法，现实当中并不存在太多绝对完美的东西或者做法。所以，完全没有一点"瑕疵"的事物是不存在的，盲目追求一种虚幻的境界只能是劳而无功的。吹毛求疵者应该审时度势，根据现实情况修正自己的目标，学会换个角度看问题，而不应该抱守某种抽象的形式和标准不放，过度地追求完美，结果却可能是在"抱残守缺"，适得其反。而且也正因为世界上有这么多的不完美，所以才需要我们不断努力去使它完美，才能促使我们不断地进步。正如清代阮葵生在

《茶余客话》中说的："若吹毛求疵，天下人安得全无过失者？"

4. 让他们正确认识自己

领导应该使吹毛求疵型员工正确认识自己的力量，既不能高估，也不要低评。明白了自己的真正能力之后，吹毛求疵型员工就会知道自己能将事情做到什么程度了，如果事事追求完美，那只会使自己寸步难行，将会成为自己行动的障碍。不要对自己太苛刻，不要为了领导者或者同事的评价就处处谨小慎微。

5. 为他们设定短期合理目标

实际上，当吹毛求疵者不再一味追求完美，而只是希望表现良好时，他们往往会出乎意料地取得最佳成绩。领导应该给他们分派一项他们完全有能力胜任的事，然后给他们鼓励，使他们做好。这样，吹毛求疵者就会正视自己的能力，提高自己的自信心。

6. 帮他们排解不快情绪

吹毛求疵者大多情绪紧张而焦虑，这样必然会影响他们解决问题的能力，而工作生活中常常会遇到一些始料不及的事。领导应该帮助吹毛求疵者调节情绪，并在生活上关心他们，使他们保持规律的生活和充足的睡眠，以饱满的精神状态面对问题并解决问题。倾诉是一种排解不快情绪的极好方式，如果吹毛求疵者向领导倾诉自己的烦恼，领导应该耐心倾听，以一颗助人为乐的诚心来帮助他们。

相信只要领导根据以上方法正确引导吹毛求疵型员工，帮他们从心理方面解开心结，那么这个员工一定会成为组织中重要的一员，为组织的进步贡献自己的力量。

第五章

如何以身作则，领导员工

　　卡耐基曾经说过："如果你是对的，就要试着温和地、技巧地让对方同意你；如果你错了，就要迅速而热诚地承认。这要比为自己争辩有效和有趣得多。"这句话，对领导而言至关重要。对了就想办法让员工追随自己，错了就放下架子承认错误，以身作则。这才是领导好员工的至高情商。

如果员工觉得领导高高在上，怎么办？ 🔍

【案例】

在陈安之的《看电影学成功》一书中，有这样一段话：

"怎样才能让员工心甘情愿地为你做事？答案是让他喜欢你。怎么才能要他喜欢你？让他感到很舒服、很自在、很优越、很有成就感、很有自信……周星驰深深地了解这一点，所以——他成功了！"

有什么要汇报？

领导……

谈话环节

如今很多企业的领导却做不到周星驰这样，他们认为自己是领导，所以对员工摆出一种高高在上的姿态，这样不仅不容易领导员工，还容易招致员工反感，不利于工作的推行。因此，如果员工觉得领导高高在上，不好接近，那么领导就需要反思一下了。

老子说："江海之所以能为百谷王者，以其善下之，故能为百谷王。是以欲上民，必以言下之；欲先民，必以身后之。"

道家以"柔弱谦下"作为处世之道，要求"为而弗争"，不与人争有、争多，而是先帮助别人、给予别人，其结果却是"既以为人，己俞有，既以予人矣，己俞多"。诸如此类观念构成了道家在伦理上"趋下"的伦理价值观，而事实上"趋下"的伦理价值观更容易获得稳定和谐与成功。

海尔经营管理指导思想的一条重要原则就是"处卑下"。海尔以服务导向的原则建立内部市场链。具体做法是把原来各事业部的财务、采购、销售业务全部分离出来，整合成商流推进本部、物流推进本部、资金流推进本部，实行全集团统一营销、采购、结算，这是海尔市场链的主流程。逐步变行政指令为买卖关系、服务关系和契约关系。以服务原则取代行政指令，使每个员工均处于市场链某一服务环节，每个人的收入来自于自己的市场。服务得有效，按合同可以索酬；服务效果不好，客户可以索赔。过去每个员工是对上级负责，实行市场链之后，就不仅仅是对上级负责，更是对市场、对顾客负责。这样，每个岗位的员工都像被装上了一台原动力的激励装置，形成企业发展的强大动力源。

创造"市场链"的海尔首席执行官张瑞敏认为：在中国，成为领导的传统方法和西方不同。在中国，人们愿意成为小企业的高级领导，而不愿成为大企业的小领导。"宁做鸡头，不做凤尾"，他们想依照自己的意愿办事。他认为市场链使海尔员工在某种程度上都可能成为某一战略单元的高级领导，尽管海尔拥有30000多员工。从这种意义上来说每个人都是自己目标市场的高级领导。

日本"经营之神"松下幸之助曾经说过，经营者必须兼任端菜的工作。这句话的意思并不是说让经营者要亲自去端菜，而是指领导者应该随时怀抱此种谦逊的态度，对努力尽责的员工要满怀感激之情。心怀感激，在行动之中便会自然地流露出来，这样一来，当然会使员工振奋精神，因而更加努力去工作以作为回报。

滑铁卢一役战败后，叱咤风云的拿破仑与其妻约瑟芬被流放到地中海的圣赫勒拿岛。在海港边，他与夫人一起散步，恰巧遇见一群水手正在卸货，水手扛着沉重的东西嚷着："对不起！借过借过！"约瑟芬趾高气扬地说："大胆水手！你们有眼无珠，他可是堂堂法国皇帝！该让路的是你们这群无名小卒。"拿破仑拦住她，在其耳边说道："这些水手搬货很辛苦，不要这样对待他们。"接着，拿破仑吩咐手下去帮水手卸货。几年后，拿破仑偷偷潜逃回法国，协助他东山再起的最大恩人正是那些水手。

由此可见，当领导想征求员工对自己的反馈意见时，如果居高临下地问："你对我到底有什么意见？""我听人说，你们说我……来着，是真的吗？"这样的语气会给人一种压迫感，往往只会得到员工支吾的回答。因为这时的你是高高在上的，员工无法也不敢说出自己的真心话，更别提对自己有好处的反面意见了。

如果领导平日就注意营造一种平和的气氛，避免使用疏远别人或者令人感到是在受责备的言辞和语气，多做自我检讨和批评，在员工面前尽量地尊重对方。比如可以这样说："我一直在考虑自己的领导作风，我知道大家觉得我有些方面做得不够理想……"这样的话，员工会认为这个领导是一个谦和诚恳、虚怀若谷的人，有一种受到重视的感觉，就会站到领导这边来。说话时态度要坦诚和谦卑，使大家感觉到自己的上司的确非常需要他们的帮助，在感动的前提下，员工自然会不遗余力地帮助领导解决问题。

俗话说："浇树要浇根，带人要带心。"只有充分尊重员工，礼贤下士，才能得到员工们鞠躬尽瘁、不遗余力的回报。所以，领导不管对待难得一遇的人才还是普通的员工都要谦和以对，尊重和关心每一个人，让每个人都认为自己是企业中最重要、最不可缺少的，这样才能把他们对工作的积极性发挥到最大，由此而提高整个企业的核心竞争力。

如果员工越级反映意见，怎么办？　🔍

>> **【案例】**

史先生在某公司任部门主管一职，可是最近他发现，他所管理的部门有一个员工经常越过他直接向上级领导反映意见，这让他费解的同时也隐隐有些不满。因为很多问题他是可以帮助员工解决的，如果这名员工一直这样做，会让领导觉得他的管理能力和专业水平有限，不够资格担当一个部门的主管。

【支招】

越级上报的员工对公司是负责的，对自己却是危险的。一旦上报信息披露，受到团队最高领导表扬，立马就会遭到直接主管的排挤，"县官不如现管"说的就是这个理儿。管理上的事千奇百怪，是因为人各具特点，想法各一、需求各异，所以出现什么、发生什么，实属正常。公司领导作为领航者带领团队前行，不仅要观察每一位普通员工的表现，还要更加注意中层领导的表现。一如案例中的史先生，如果想解决自己部门员工经常越级反映意见的问题，首先要做的就是从自身找原因，看看自己哪里做得不够好，让员工不想找自己反馈问题，而是越过自己直接向领导反映。

1. 客观看待越级反馈的问题

首先要客观看待与对待这样的事情，切不可急着去处理，静观其变。

下属越级反馈后，上级没有找你，你得抓紧时间改进；员工没有找你，要么已准备"撤局"，要么以为你还不知，他也处于观察等待期。既然都在察言观色，你就要静思潜行，悄无声息地改变。

2. 学会真诚沟通

"沟通无极限"是句广告词，反映了人的一种期望。现实中，沟通处处有障碍，越不及时沟通，越不利于事态良性发展。主管乃一件事情或一个部门的主要领导，要对事对人负责。事发后主管首先要主动去沟通，找上级沟通，听他的意见与指导；找下级沟通，听他的反馈与建议。很多时候，人与人交往中看重的是态度而不是结果。

3. 缓解误会，获得信任

有时候，真诚的感谢能缓解误会，获得信任基础。信任是张白纸，你在上面写什么画什么，就会得到什么。当"上报"发生，主管与员工的隔阂已露出水面，变成真刀实枪。既已这样，扭转局面就靠"系铃人"——主管了。主管放下身段，摒弃前嫌，以诚待员工，以礼待员工，交换立场思考，交换想法沟通，有共鸣，求同存异，方才有戏！对员工说声"谢谢"不难，但在被"上报"后能说出"谢谢"很难。越难越要去做，方才是主管、经理、总监的价值所在。

4. 区别越级反映意见的真正动机

对于越级反映意见的员工，要分析他们真正的动机，如果是真的为了公司好，公司要鼓励、激励；如果是打"小报告"型的员工，公司要客观引导与懂慎使用；对于善于打击报复的，更不能委以重任。

如果员工觉得领导不公平，怎么办？ 🔍

》【案例】

诸葛亮在《出师表》中曾经明确告诫蜀后主刘禅，无论皇亲国戚或是平民百姓，赏罚都要一视同仁，不因亲而赏，不因仇而罚。诸葛亮是这样说的，也是这样做的。在第一次北伐曹魏时，他对马谡委以重任，扼守军事要道街亭。马谡街亭失守后，诸葛亮不徇私情，挥泪斩马谡，并自贬三等。诸葛亮难能可贵之处不仅在于他对马谡的处罚不徇私情，更在于他对自己的惩罚，这为他以后更好地用人起到了很好的铺垫性作用。

可是现在很多员工却觉得如果想要拥有诸葛亮这样公平的领导简直难如登天，领导总是有偏向性，不仅对于老员工、熟人等有偏向性，对于公司工资、财产等分配也有偏向性，让员工心生不满。在某单位任职的白小姐就觉得领导最近一直在针对她。给别的员工加薪却不曾提及她；有升职机会的时候，明明她资历和工作能力够，可是领导也没有考虑过她，这让白小姐觉得非常不公平。

【支招】

1. 尊重员工，公平公正公开

领导的责任是为员工提供一种良好的工作环境，让每个人发挥所长。

无论在任何情况下都要尊重员工，公平公正公开地给每一位员工提供机会，这是公司领导必须做到的。组织行为学中公平理论的基本观点是：当员工作出了成绩并取得了报酬以后，他不仅关心自己所得报酬的绝对量，而且关心自己所得报酬的相对量。因此，他要进行种种比较来确定自己所获报酬是否合理，比较的结果将直接影响今后工作的积极性。公平理论提示领导，要重视员工的公平感，公平是组织中客观存在的现象；要建立公平的奖惩制度；要实行量化管理，增加公开性；综合设计，加强对员工的教育等。

2. 奖惩分明，正确激励员工

中国式管理的激励方法讲求在激励时的兼顾与并重，而且中国式管理的激励讲求和重视依理应变和随机性。时间和形式在变，激励的形式和方法也跟着在变，这是中国式管理激励的突出特点。

战国时期，著名的法家代表人物商鞅对赏罚提出"一刑、一赏"原则。就是说，不论亲疏贵贱，不论有无功过，只要犯了罪过，一律查处；只要有功，一律受奖。它突出了执行的公平性、平等性。任何贵族权臣都不能违法牟私。这与今天的"法律面前人人平等"原则是一脉相承的。

韩非的观点则更明确。他认为，法律是不能偏袒权贵的，法律的准绳绝不能屈从于邪恶，就像木匠用的墨线绝不会迁就弯曲的木料一样。有人才智高超，如果触及法律，用任何言语也不能开脱；有人英勇无比，如果他要受到惩罚，多么大的武力也无济于事。韩非一针见血地指出：惩罚要做到不回避亲近和显贵，惩罚的实施同样要落实到所宠爱的人身上。

韩非的见解非常精辟，他直接指出了赏罚要公平。对一个领导来讲，员工有成就却得不到奖赏，那么，以后有才能的人就会懒得干事业；如果有过失而不惩罚，那么，品行不端的人就会为非作歹。看起来，要真正做到赏罚公允、人人平等，其核心就是要赏不徇仇、罚不避亲。

赏罚无非是赏善罚恶、赏功罪过。诸葛亮明确地指出：赏是鼓励人们兴业立功的，罚是用来防微杜渐、阻止邪恶言行的。但是，赏罚操作起来确实很难，因为它存在一个度的问题。赏罚过轻或过重，都会给管理带来弊端。赏罚过轻，起不到激励管理人员提高内聚力，有效防止工作失误、管理失职者的错误行为的作用；而赏罚过重则会适得其反，处罚过重，往往不被有错误的人所接受，容易造成领导与被领导者之间矛盾激化，甚至走向事物的反面。

这两种情况都会使企业管理制度无法有效地落实。赏罚必须要适度，而赏罚的适度就在于它不能有什么固定模式，不能千篇一律，更不应该是静态的、适合于任何时期的，而应该是随时随地地灵活运用。现在有些企业领导者喜欢赶时髦，喜欢照搬国外管理模式。实际上，企业管理要根据具体情况具体运用，绝不能照搬照抄。

时下，有一些企业领导者热衷于重赏、重罚的管理方式，并把它作为一种经验模式来操作。实际上，这是极片面的做法。重赏、重罚是战国时代的思想家韩非首先提出来的。他认为，重赏丰厚，有才华的人就会尽心尽力；处罚加重，能禁止坏人坏事。他还认为，厚赏不只是为奖励有功之人，更主要的是激励全国的人，使无功的人都羡慕受奖的人。无疑，这一精彩论述至今对某些企业的管理仍有现实意义，但是也不能一概而论。

重赏、重罚适合于企业需要拨乱反正的时期。在企业管理处于严重混乱无序的情况下，重赏、重罚无疑是可行的管理方式。同样，重赏、重罚能迅速煞住社会上的歪风邪气，使社会治安从无序转向有序。

秦统一六国后，社会走上了有序的轨道，此时人们希望发展生产、发展经济，向往和平、稳定的生活。在这种情况下，如果继续以重罚为指导思想，实行严刑峻法，就无法被人们所接受，而只能激化矛盾，危及社会安宁。秦始皇恰恰在这一点上犯了错误，他在统一中国后仍贯彻重刑主义，继续实行严刑峻法，人民摇手触禁，动辄犯罪。重刑、重罚成为秦王朝迅速倾覆的一个原因。

同理，对员工的奖赏与惩罚方式也要顺势而变，以时局和形势的情况而定，不可拘泥于条框之中，要有一定的公允性和权变性。

3. 先对人再对事

总是听到领导在面对问题的时候不停地强调"对事不对人"，强调一种一视同仁的态度，只关注问题出现的原因，如何做才能把事情处理好、解决好，而不是针对把事情搞砸的人自身的问题。所以，在一些公司讨论问题或者提出建议的会议中，"对事不对人"是比较流行的开场白，有的时候，后面还得加上一句"请勿对号入座"。

但黄荣华、梁立邦在《人本教练模式》这本书中对这种观点却持相反的意见，他们说道："当我们将观察的范围扩大，会发现问题解决后同样的问题会被克隆到其他事情当中；当我们把考量的时间拉长，会发现已经出现并解决过的问题会在几个月或几年后出现同样的'翻版'。这些貌似不相干的问题，往往因为事件的不同或时间的推移而显得相互独立，让人们很容易就忽略其内在的联系。"

事都是人干的，不从问题的根本——人自身的误区和缺失去找原因，而仅仅关注表面上一个个孤立的问题，无异于是缘木求鱼、刻舟求剑的做法，结果就是同样的错误会一直犯下去。

"现在管理学之父"彼得·杜拉克曾说过：企业或事业唯一的真正资

源是人，管理就是充分开发人力资源以做好工作。

人是生产力中最活跃的因素，任何社会财富都是由人创造的。领导应该着眼于挖掘人的潜能，致力于帮助员工，看到并打破各种自我设限的框框，这同样也是一个由内而外的过程，最终实现目标，达到内外和谐。

如果员工觉得领导没有担当，怎么办？ 🔍

>> 【案例】

刘小姐在某事业单位做文员的工作，打字、复印、收发传真、报刊发放、计生等都在她的工作范围之内。虽然工作繁琐且细微，但是刘小姐心细，也一直不曾出错，做得很好。可是最近刘小姐的工作却开始变得不顺利了，这是因为办公室新升上来的副主任是个习惯性推卸责任，没有担当的人。

很多时候新任副主任分配刘小姐工作，会要求刘小姐该如何做。可按照他说的做出来根本就达不到应有的效果。领导批评他，他就会跟领导解释说这是刘小姐要这样做的，保留自己在领导面前的形象。如此几次之后，在单位领导眼里，刘小姐就变成工作不认真、失误多的人，这让刘小姐非常担心。

【支招】 ✒

---

1. 领导者要有大局观念、战略眼光，要有广阔的胸怀

当领导的要有所为，有所不为；要努力学习，综观世界企业风云；要用战略眼光去想问题、看问题、处理问题。新的竞争秩序使我们不能再醉心于财务报表，而必须着眼于远景规划、价值观念、商界网络、企业文化

等软技能。

中国有这样的古语："海纳百川有容乃大；壁立千仞无欲则刚""宰相肚里能撑船"，有多大的胸怀就能办多大的事。因此每个领导者要胸怀宽广，立足公司，放眼未来，要学会宽容。宽容是一种美德，宽容不会失去什么，反而还会真正得到，得到的不只是一个人的表面服从，更会是人的心。

2. 领导者要勇于承担责任

一个人有多重要，通常与他愿意担负的责任多少成正比。当你说"这是属下的错"的时候，你根本不愿意为员工负责任，相对的，当上司犯错误，员工如果以事不关己高高挂起的态度来对待，那么他就无法对这件事情产生影响力；如果员工认为这属于自己的责任，那么他的心态就会完全不同，就会采取积极迅速的行为。因此，身为领导者的第一心态就是负责任。

对领导者来说，如果你能让"负责任"成为企业文化的一部分，让"负责任"成为一种共同语言，可以大大提高员工的工作积极性和工作满意度，提高工作效率。要成功地做到这一点，作为领导者必须身体力行以负责任的心态对待所有的事。比如，在抱怨你的员工不愿意去负责的时候，你应该先想一想自己应该负什么责任。

3. 领导者要信任员工

信任是现代企业关系的基石，但信任关系不是自然存在的，是靠领导去创造的。信任是一种互动关系，需要领导者首先具备信任的能力和心态，相信对方是真诚的，相信对方能够做到。从这个意义上来说，信任也是一种最大的激励，是一种力量。

但信任不是放手不管，信任之后要跟进、要引证，要在一边激励支持员工，直到他顺利完成。

信任也是领导者对自身能力的高度自信。正是基于这种自信，你才将自己的信任和支持给自己的员工。这种信任将使员工乐于付出，相信企业的愿景并为之付出自己的责任和激情。

4. 制度面前人人平等，领导要做执行制度的带头人

俗话说：没有规矩，不成方圆。制度是一个公司战略发展的保证。科学、严谨的制度能够让领导和员工都有章可循，依章办事。确保了各项工作都能有效避免个人行为和短期行为，在管理工作中具有非常重要的基础性作用。在制度执行方面，无论是公司制度的推行还是领导个人制定制度的推行，领导都要起到带头遵守的作用。只有领导带头遵守，不在制度面前搞特殊，员工们才能服气，制度推行才能顺利。

5. 公司的利益永远第一

一切经营活动都是为了公司的发展，为了获得最大利润，这是我们创业发展壮大企业的最终目的。领导的核心问题就是能否将企业的利益摆在第一位的问题，如果你主动自律，严格要求自己，就可以非常光明磊落地把一切问题放在桌面上来谈，就可以让员工产生信服感。

如果员工认为领导不专业，怎么办？

≫【案例】

某公司一直致力于科研事业，所有员工都是科研方面的专才，可是公司的领导却是非相关专业毕业的，只是因为比较有管理能力而被聘用。由于是不相同的专业，所以该领导在安排工作的时候会出现许多不合理的地方，让员工工作起来不方便，效率低下。这种情形该如何处理？

【支招】

1. 领导要展现自己的能力

也许，在专业技术方面很多领导的技术水平可能有待提高，但是领导的能力却在于可在宏观上对整个公司的工作加以指导和安排。如果员工以专业为理由不信服领导能力，那么领导者就要充分展现自己的管理能力，让员工信服。

2. 为自己不断充电

不断提升自己的能力，无论是与技术相关的，还是管理方面的，只有自己强大起来，才能增强员工对自己的信任程度。

3. 做任何事情都从大局利益出发

从大局利益出发，一切想法和态度都是为了能更好地完成工作，不存在任何私心，让员工看到自己冷静、理智、权衡利弊的一面。

4. 不要事必躬亲

作为领导，在处理公司问题上不必事必躬亲，整天为一些具体事务忙得团团转。公司领导要明白，自己真正的本职工作是掌握好公司的大方向，将具体执行的工作留给公司员工，这样既能给员工发光发热的机会，又能让自己轻松一些。

5. 下达指示要明确

公司领导不宜将主要时间和精力放在各种会议上，比如说热衷于坐主席台、念秘书写的讲稿、泛泛地作一些空洞的"指示"等，以此来掩饰自己的无所事事、碌碌无为。作为领导，下达指示一定要明确，让员工一目了然的知道你所要表达的意思，认同你的魄力，干净利落地去执行。

如果员工不服领导管理，怎么办？　🔍

≫【案例】

小田是某公司的策划总监，他有无数的奇思妙想，吴总对他欣赏有加，但他致命的弱点就是太过自负，不善于倾听别人的意见，不服从领导的管理。在一次会议上，当小田兴奋异常地谈他价值80万元的项目计划时，吴总拿来策划书，大概估计了一下，可赚的钱寥寥无几，于是说："这个项目再重新评估一下，肯定有评估不到位的地方，因为利润空间没有想象中那么大。"可是小田听后却觉得这是领导对自己的不信任，坚持向领导表明评估一定没有问题。当然，在后来的执行过程中，小田遇到了很多问题，碰壁之后他才明白自己不是万能的，有时确实应该听取有能力的领导或者有经验的前辈的意见。

【支招】

人是感情动物，在人际交往中，必须想方设法用感情的力量来调动员工的热情和干劲。

1. 用高帽子"赶鸭子上架"

这是一种很有代表性的激励手段，对于骄傲自满的人是最适用的。领导者对于这样的员工，首先要认可他的能力，先称赞，再用之。"这项工作除了你没有人能行""只有你出面了""我们都没有办法了，只有依靠你了"等诸如此类的话是很有效的。因为骄傲自满的人大多虚荣心很强，领导这样说其实就是满足了他的虚荣心，让他自己产生工作的动力，这要比强迫式分派任务效果好得多。

2. "温柔一刀"最厉害

孙子曰："不战而屈人之兵。"对于那些不听话的员工，最好使用心理战术，用情感来打动他们。真正和他们交朋友，切实关心他们的生活，包括他们的衣食住行、家庭困难，无微不至，平时相处时充分地尊重他们。这样他们就能慢慢接受领导，听进领导的话去，这样才能为以后更好地管理他们埋下伏笔。

3. 给个大梁让他扛

越是有能力的员工往往越容易骄傲、自负，认为没有什么问题可以难住他们。领导可以根据这个特点分派最难的任务给他们，让他们切实地感受到压力的存在，这样做可以让他们碰上几回壁，懂得知难而退，也可磨磨他们的"棱角"，挫一下他们的锐气，对于员工的成长有百利而无一害。

4. 故意贬低，不露声色地将"刺头"的军

通过故意贬低"刺头"，看不起他，说他不行以激起对方求胜的欲望，也能使其超水平发挥自己的能力，从而达到目的。或者当着"刺头"的面大力赞扬别的同事，表现出不相信他能够完成好任务的语气，激发他们迎接新任务的斗志和勇气。

不可否认，如今社会的发展正处于一个张扬个性的时代，对人才的要求也不再是"一个模子倒出来"，过去那种由统一的思想路线、统一的行为标准和统一的社会价值观等制造出的听话"木偶"型人才已不再适应社会的要求，取而代之的是思想和价值观的大变迁、大探讨，个性人才大行其道。在一定程度上，"刺头"迥异的个性特征也激活了企业的生机和活力，使得企业在管理上突破了原有条条框框的界定，注入了鲜活的"水源"。个性鲜明的职员往往思路也更开阔，"点子"也更多，在处理难题时往往显得机敏而独到，行动也更迅速，这对于提高工作绩效、加速企业的发展有着积极的推进作用。

如果员工认为领导言行不一，怎么办？

≫【案例】

春秋时期楚国贵族叶公非常喜欢画中威风凛凛、腾云驾雾的龙，可是当真正的龙出现的时候却吓得掉头就跑。后来人们用"叶公好龙"这一成语来比喻那些言行不一、弄虚作假、惺惺作态的人。小智觉得他们上司就是一个叶公式的人，在教育别人的时候一副冠冕堂皇的样子，比如要勇于承担责任、不要迟到早退等，可是自己却经常迟到早退，出现需要承担的责任就推给员工，这让小智等很多员工觉得反感。

【支招】

领导群体是社会的一个特殊群体。在这个应当起到带头模范作用的群体中，出现"言行不一"的现象要引起足够的重视。有的领导嘴上说的是一套，实际做的是另外一套，以至于"台上说人，台下人说"。这种"言行

不一"实际反映的是一种道德意识和道德实践的分离乃至背离，尤其不能出现在影响巨大的领导身上，一定要改正。

1. 贯彻公司文化

在公司文化中，团队积极性属于非常重要的一项，它是一种自上而下推动的机制。只有在领导积极、向上的情况下，它才能发挥到最大值。因此，领导必须保持言行一致，如此才能起到正确的带动作用，确保员工保持一致，积极工作。

2. 了解一线情况

对于领导来说，需要明白自己的所作所为对于员工以及团队绩效的核心影响所在。因此，领导必须深入一线，了解具体工作情况和员工的状态，如此才能给予正确的鼓励和找到行之有效的处事方法。如果领导能够向员工展示出足够的信心，员工就必然会充无穷的力量；如果领导对员工表现出应有的尊重与赞赏，自然就会获得可以赴汤蹈火的忠诚队伍。言行一致就这么简单，但带来的效果却不容小觑。

3. 让员工明白自己面对的现实情况

对于员工来说，需要了解到的事实是：上级也是员工。这就意味着，作为领导的你要让员工了解到，在你身上存在的问题在他身上也有可能同样存在。通常情况下，上级对于优先次序、预算、培训以及时间并没有完全的控制权。实际上，每一种关系里面都存在两个方面，所以作为领导，如果有员工认为你言行不一，你一定要让员工明白自己面对的现实情况，争取到他们的理解与信任。

第六章

如何有效惩戒犯错的员工

　　一帆风顺并不代表走得一定顺畅，有时犯错反而会学到意想不到的经验。如果公司里有员工犯了错，应对方法不要只有解聘一种，除了对触犯法律的员工要坚决解聘之外，帮助犯错的员工改掉错误、让他为自己所用，才是上上之策。

如果员工吃里扒外，怎么办？ 🔍

≫【案例】

在很多企业中都会出现吃里扒外的员工，这其中不乏核心员工，他们或掌握核心机密，或掌握核心技术，或掌握核心资源，管理起来往往让领导左右为难。

所谓吃里扒外就是接受这一方面的好处，却为那一方面卖力，也指将自己方面的情况告诉其他企业，现在多指借着工作或机会之便为其他企业谋取利益。在吃里扒外的员工中，营销员、技术员、信息员等居多。

在某外企中，小鱼不小心收了别家公司的礼物，被别家公司抓住把柄，要求她偷窃公司信息。可是小鱼毕竟有其职业素养，主动向领导坦诚了这件事情，请求领导宽大处理。

【支招】

想要管理吃里扒外型的员工，领导要有很强的洞察力，善于明察秋毫，对于员工的一举一动了然于心，如发现苗头不对立即纠正。但如果像案例中小鱼这样在未造成损害之前即坦诚的，领导应该表扬其对公司的忠诚，并积极帮助她解决外在问题，使其能更好地为公司服务。

1. 了解吃里扒外的员工属于哪一类型

要想更好地解决员工出现吃里扒外的问题，首先要了解吃里扒外的员工属于哪一型，这样才能更有针对性、更好地解决问题。

（1）挡不住诱惑型。由于其他企业提供了更高的利益，比如给予更多的提成、回扣、工资、股权、赠车、赠房等，并且这些利益对员工自己来说唾手可得，经不住这种高利的诱惑，员工乖乖做了其他企业的"俘虏"。再者因为企业给员工提供的工资、奖励等根本无法满足员工自己或家庭的正常需要，无奈只好"额外兼职"来获得一定收入来维持生计。管理这类员工，企业首先要检查自身的薪酬制度，看企业给员工提供的待遇是高是低，哪些方面有欠缺，认真完善薪酬制度提高员工待遇。实际上员工之所以被其他企业高利诱惑，差不多是因为本企业的待遇并不高或者根本就很低导致的，所以企业应通过提高薪酬，来确保员工专心致志、一心一意、全力以赴，只为本企业效劳。

（2）报复心使然型。因为企业领导处理事务或分配利益时不公平、不公正，伤害了员工权利、利益、自尊，重重挫伤了员工的心；或者员工的一些想法、说法、做法得不到理解和支持，致使员工对企业、对领导产生悲观情绪，失去信任、信心；或者员工怀才不遇，又看不到发挥才能的机会，使得内心备受压抑，甚至情绪低落，于是为其他企业谋取利益，意图报复或解脱；或者员工因为本企业所受到的冤屈没法伸张，领导不处理、不重视、不沟通，因而使员工积怨日深，对领导极度不满，这些都导致员工的逆反心理：既然企业领导这样对我，我又何必忠心耿耿呢。于是主动"投怀送抱"，为其他企业谋取利益。管理这类员工，首先要秉持公正、公开、公平的原则来处理事务；再者一定注意观察员工的情绪，了解员工的现实需求，观察员工的变化，对员工定期考核，适当调整，用其所长发挥优势；最后要加强与员工的沟通，认真倾听员工的意见、建议甚至是抱怨，并且一定要尊重、关心、关爱员工。

（3）不慎被利用型。有些员工是一不小心上了"贼船"，从此无法下船，被其他企业利用。一般是其他企业早有预谋别有用心，利用员工的缺陷，比如员工贪财，就通过各种手段以厚利陷害，比如员工好色，则以"美人计"来对付，比如员工"嘴臭"，喜欢信口开河或胡说八道，则把其所言"丑事"作把柄要挟；利用员工的困难有意施恩，然后要求员工报恩，比如小孩上不了重点学校就通过关系让小孩去上，比如老人重病在院急需交钱主动送上钱等；利用员工的兴趣爱好，比如员工喜欢读书就送你书籍，员工喜欢唱歌就出钱陪你去歌厅等。管理这类员工，首先要求领导要有很强的洞察力，善于明察秋毫，对于员工的一举一动了然于心，如发现苗头不对立即纠正，其中对于没有认识到吃里扒外危害的员工要严正告诫，劝其悔改，使其主动放弃为其他企业谋取利益，而对于认识到吃里扒外危害已有悔意的员工要坦诚接纳，给他悔改的机会，不要责难他，而是真心地安慰他。案例中的小鱼就是这种类型，不过好在她自己掌控力比较强，没有被其他公司利用成功，造成更严重的后果。

（4）担心被辞退型。有些员工则是因为能力有限，在企业单位里时刻感受到竞争的压力，或许因经常完不成任务遭受领导批评，屡受打击失去信心和勇气。尤其是在那些实行末位淘汰制的企业更使能力有限的员工提心吊胆，总是担心被辞退，于是失业就像一张无形的网套在自己头上，心想与其被企业单位无情辞退，不如自己提前做好打算，找好自己的退路，因此主动做起了其他企业的"实习员工"。管理这类员工，企业领导一定要放眼长远，认真、负责、耐心地帮助员工找出没有达标的原因，改正错误，培训并指导员工不断提高，使员工看到希望重新树立信心，鼓励并激励员工，使其坚定信念，摒弃被辞退或跳槽的杂念，全身心投入工作中，与企业单位并肩作战共同发展，不断实现更大的目标！

（5）职业道德差型。有一些员工就是道德素质太差，这类员工错误地认为"人不为己，天诛地灭"，他们个人利益至上，没有团队精神，凡事先把自己的小算盘打好，对自己有利益的事不管如何一定要做，对自己无利或利益不大的事就不想做，他们无论到哪个单位都改不了这个恶习，总习惯于吃里扒外。管理这类员工，领导要注重对员工的职业道德考察，听其言观其行考其果，观察他有什么样的朋友，因为物以类聚，人以群分，他的朋友如果都是品德高尚的人他也差不了，如果他的朋友都是三教九流偷鸡摸狗的人，他也好不到哪里去。调查与他一起工作的同事，听听同事们对他的评价，综合以上各项进行全面分析，一旦确认该员工确实是职业道德太差，不用犹豫直接开除即可。而案例中小鱼这样无意中被抓住把柄，却因过不了职业道德这一关而及时回头的，领导应予以宽容，使其因你的个人魅力和公司氛围而更加忠心地服务子公司。由此可见，职业道德在工作中是非常重要的一种品德，需要引起高度重视。

（6）其他企业暗派者型。这类"吃里扒外"的员工，多数带着其他企业的使命潜伏过来，有点像"间谍"或"卧底"，他们多数头脑灵活反应敏捷，隐蔽性很强，反"侦察能力"也很强，不容易暴露身份，但是对企业的破坏或危害相当大。管理这类"员工"难度很大，因此企业领导要高度警惕，对一些要害部门如管理商业秘密、技术秘密、档案资料等部门的用人，一定要严格审查人员身份，通过制度和纪律对员工的行为进行约束，通过科技手段对核心部门进行监控，平时还要加强思想教育。

2. 培养这类员工的忠诚度

企业要从思想的高度，从大处着眼，用企业文化、价值观来教育员工，用团队精神来凝聚员工，培养员工正确的价值观、人生观，使员工明是非知荣辱，清除员工的私心杂念，从而对企业赤胆忠心。从细节做起，从一点一滴关心、爱护、帮助员工，用实际行动来感动员工。提高薪酬待遇，增加员工的归属感、荣誉感、成就感、依赖感，把员工的心牢牢抓紧。给员工发展空间和提升机会，使员工时刻精神焕发积极向上，把企业的发展与职工的提升紧密联系在一起。只要员工忠诚度提高了，吃里扒外的现象就会减少了。

3. 防患于未然

企业从招人开始就严格把关，尽量杜绝职业道德差的员工，坚决清除其他企业暗派的员工。制定相关的规章制度来规范员工的行为，对重要岗位的员工要单独签订协议，通过法律的手段来严格规避吃里扒外的行为。建立举报制度，凡被举报吃里扒外的员工，一定根据其"情节"，从快从严处理，以此震慑和预防出现吃里扒外的员工。一旦发现有吃里扒外的现象出现，就立即采取行动，把其消灭在萌芽状态，最大限度地降低企业的损失。还要经常给员工敲警钟，多讲吃里扒外对企业的严重危害以及吃里扒外对个人职业发展的严重阻碍，相信只要平时绷紧思想这根弦，吃里扒外的员工就不会出现或者很少。

总之，如果查出员工有吃里扒外现象，且给企业带来较重的损失或损害，领导要毫不手软坚决打击，在令其赔偿所有损失和缴清罚款之后立马开除，然后通告企业所有员工以儆效尤。而对那些不知悔改且带来严重后果的员工，可通过法律手段直接起诉，使其得到法律的严惩，对吃里扒外的行为付出应有的代价，以此威慑所有有不良倾向的员工。总之，对于吃里扒外的员工既不要气恼，也不要恐慌，更不要左右为难，只要分清情况对症下药，一般还是能"手到病除"的。

如果员工爱打小报告，怎么办？

【案例】

　　小王进入公司已经工作三年了，在员工如流水般来来去去的销售队伍，算得上是老员工，对公司也有一定的贡献。不过最近公司领导发现，

小王特别爱打小报告，几乎隔几天就向自己报告新进公司的小张工作不努力，老是上班时间浏览其他网站；小莉最近工作不在状态，天天跟男朋友吵架；小李隔三岔五早下班等。虽然这样可以让领导了解基层员工的工作状态，但是她把精力全放在这上面，却让公司领导烦不胜烦。

【支招】

　　每个公司领导或多或少都会碰到打小报告的员工。其实，面对爱打小报告的员工，领导要想好好引导他们，可以从以下几点着手。

1. 了解促成这些小报告产生的原因

一般爱打小报告的人主要有以下几种原因，一是抬高自己而贬低别人，在相互竞争中，他们常常会故意泄露竞争对手的隐私，以此来增加自己的胜算；二是炫耀自己，认为自己的能力比别人大，于是故意在高层面前炫耀自己的才华；三是认为自己受到了不公正待遇，他认为自己的能力很强，自己的工作也做得多，但却受到打压，不能升职加薪，于是向上层打小报告；四是发现部门内的隐患，为了避免自己的过失，向上级报告……每一位公司领导在解决员工爱打小报告的问题时，都要先了解促成这些小报告产生的原因，然后才能对症下药，找到最好的解决方法。

2. 不同类型，不同的解决方法

对于出于抬高自己而贬低别人的打小报告的员工，一定要坚决压制。一般说来，这些靠打小报告来达到目的的人都是品格低下的人。一旦这种人得逞，那么给部门带来的伤害是特别大的。对于这种人，应该发现一个就辞掉一个，无论他的才能是多么了得，要知道人品重于能力。

为了申诉而向上层打小报告的人，你不必过于理会。因为你才是部门的核心人物，你的上级怎么会否定自己当初选用的人呢。当然，你可以这样做的前提是你真的足够坦荡，没有让人留下把柄。

如果是为了达到某种不可告人的目的而打小报告，那么公司领导完全不用犹豫，及早让他走人比什么都强。

如果员工是为了公司利益而向上级报告，那么就该认真对待。你可以让当事人提供更详细的资料，如果他所说的是实情，一定要提早预防。所以并不是所有的小报告都是反面的，有些管理者很爱听小报告，康熙还微服私访专门去听小报告呢。可见，有时小报告并不"小"，它是冰山一角，其背后隐藏着惊涛骇浪。

3. 树立自己的形象，赢得员工信任

这一点虽然看似跟打小报告没有任何关系，可是仔细挖掘却有千丝万缕的联系。小王进入公司已经三年了，对于公司领导肯定会有一定的认识，为什么她会认为公司领导是一个喜欢听小报告的人呢？这说明公司领导在自己的形象建设上存在一定的缺陷。因此，公司领导应该着重树立自己的形象，赢得员工的信任，给爱打小报告的员工树立实干、果敢的形象。通过这样间接告诉爱打小报告的员工，自己喜欢实干的人，告诉他们收敛自己的行为。

总之，面对爱打小报告的员工，领导不妨抽时间做一番细致的调查研究，把他这种毛病的形成轨迹弄清楚，然后对症下药。该说服的说服，该教育的教育，该批评的批评，慢慢地爱打小报告的员工就会有所改善。

当他慢慢好转的时候，也别忘了对他进行关怀和鼓励。可以用适当方式表达你的鼓励，让他感知到你这份情意，如此一来不仅能改掉员工爱打小报告的毛病，还能增加员工的忠诚度。

如果员工夸夸其谈，怎么办？

》》【案例】

小高在一家销售公司工作，每次看到别人签到单子都会说："这个单能签下来，不就是有一些运气吗，没什么了不起的，换了我也照样能签下来。"或者说："唉，这个客户沟通时只要注意一下他的脾气性格就没事儿了，怎么能犯这种最基本的错误呢？你看，单子丢了吧。"等等，每次都说得头头是道，可是自己却也在犯同样的错误，自己也在丢单子。

对于小高这种爱说大话、眼高手低的夸夸其谈型员工，公司领导该如何发扬他的优点，规避他的缺点呢？

【支招】

夸夸其谈型的员工有四个典型特点：爱说大话，沉迷于分析，自以为是和眼高手低，这一类的员工在每家公司都会有那么几个，他们都是有理论、有辩才的一群人，但是却只停留于理论和辩论。因此要想改造他们，使他们堪以重用，可以从以下几方面着手。

1. 以事实说话

夸夸其谈型员工都是有理论、有辩才的一群人，如果领导因为他们的一番侃侃而谈就许之以高位的话，那么公司就危险了。要知道事实永远胜于雄辩，实力只有在实践中才能得到证明。作为高瞻远瞩的领导，你一定要以事实来考验他们的能力，分配给与他们能力相符的工作。夸夸其谈型员工如果出现错误，一定要义正严辞地加以批评，否则他们就会满不在乎。

2. 分清类型，区别对待

对于爱说大话的员工，作为领导，千万不要被他们的外表给迷惑了。也许第一次与他们见面会认为他们头脑灵活，交往广泛，然而事实上他们只不过是一些纸上谈兵的人。

工作中并不需要会说大话的人，需要的是踏踏实实办实事的人。领导要时刻谨记以事实选人，不要对他们作出高于其实力的评价，更不要因为他们的一番高谈论阔就把他们安排到重要的岗位上。很多事实都证明了，平日获得领导高估的人一旦遇到大事件，往往表现得出乎意外的无能。

如果你需要的是一个得力的助手，而不是一个好听的收音机，那么除了他的嘴巴之外，你更应该仔细考虑一下他的脑袋和双手的能力。

对于沉迷于分析的员工，如果领导认为只需要向他们分派完任务就可以了，那就大错特错了。一旦领导对他们放任自流、随他自主，就会出现很多大问题。对这种沉迷于分析的员工，领导在向他们分派任务时，最好同时详细地说明希望他完成工作的标准、参数、重点及日程安排，使他们对结果有一个十分明晰的认识。

而一旦他们开始做这个项目，领导就应该定期主动地与其进行沟通，时刻关注工作的进度。如果一旦发现他们花费了过多的时间在细枝末节上，不要以强硬的态度、正式的方式提出来。如果这样做，夸夸其谈型员工会不惜花上半个月的时间来和你辩论为什么他会这样做。相反，领导可以旁敲侧击地引导他们，让他们自己发现问题。

如果发现项目进行顺利，作为领导的你要及时地给予表扬，他们需要肯定和认同。

对于自以为是的员工，领导要认真对待。他们对批评是极度敏感并且反感的。所以，如果你想指出他的错误，一定要讲技巧，要先扬后抑再扬，使用"三明治"式的批评方法。批评过程中，要用事实作论据，要知道，他们是辩论的行家里手，你想用说理的办法说服他们，几乎是完全不可行的。批评时，领导只需要摆事实，让事实来说服一切。

其次，在分派任务时，你不妨给他们分派一些有难度的任务，让他们在事实面前低下自己高傲的头，而且这样也更有利于他们的自我提升。

当然，一个优秀的领导应该帮助有问题的员工成功，所以，你也应该多和他们谈谈心，对他们进行成熟教育，指出其缺点，使他们逐步做到自我完善。

对于眼高手低型员工，一如案例中小高这样什么都说得头头是道、自己却从来都做不到的员工，作为领导一定要让他们明白这样的道理：很多东西实践起来远比凭空想象来得困难，对于任何人来说，无论未来发展得怎样，执行能力都是必备的。只有那些对寻常工作能够忠实加以执行的人未来才可能走上重要的岗位。那些取得一定成就的人无不是在简单的工作和低微的职位上一步一步走上来的，他们总能在一些细小的事情中找到个人成长的支点，不断调整自己的心态，用恒久的努力打破困境，走向卓越。那些在公司肩负要职的人，他们正是因为忠实地履行日常工作职责，才能担负重任。只有将手中的工作做得比别人更完美、更正确、更专注，才有可能取得非凡的成绩。

3. 引导夸夸其谈型员工完成自我提升的方法

很多夸夸其谈型员工都有一定的能力可以被挖掘。一个优秀的领导者应该让每一位员工各尽其才，发挥出自己最大的潜力，从而引导他们完成自我提升。

那么，应该怎样做才能让那些夸夸其谈的人变成部门里的优秀员工呢？

（1）要让他们树立工作中无小事的观点。

领导要在实际的工作中让他们明白仅仅有理想是不够的，如果没有行动就只会永远停留在起点上。尽管有时行动不一定会带来理想的结果，但是不行动则一定不会带来任何结果。不要让所谓的理想束缚住了自己的手脚，在工作中每一件事，无论大小都值得用心去做，而且对于那些小事更应该如此。

（2）当他们将某件工作完成得很好时，领导应该毫不吝啬地夸奖他们，使他们建立自信心。

虽然夸夸其谈的人表现的事事主动，其实，他们有过度的自我认知心理。他们的成就动机和执行能力的落差，给他们造成对行动的恐惧，心理学称之为"行动近视症"——害怕失败后的耻辱，这样就会造成不行动，可是不行动却又更加耻辱。于是开始自我防御，因为害怕别人批评，所以批评别人。

他们自信心不高，因为无法在现实生活中累积能力的资产，所以自我的认知就开始失调，不满现状。低层次的工作不愿去做，可是并不表示他们就可以做得很好，反而可能会做得很糟糕。因为他们会觉得太简单而不去准备。这容易造成一个现象——大家对于他们不信任，因为他们什么都做不好。可是他们却会觉得本来就不是自己应该做的，作为领导怎么这样，硬要人去做，真是大才小用，使得他和工作伙伴的关系越来越紧张。

他们忽略过程，重视结果，结果连一个证明自己的机会都没有，也无从累积自己的资源。因此，他们就更没有自信了。

对于这样的员工，领导要鼓励他们把自己潜力展现出来，用他们已有的能力来证明自己，建立自信。针对他们有信心的部分加以累积，这样才能帮助他们突破心理的障碍。

要先让他们证明的能力和自我形象的差距其实没有那么大，如果不行，那就帮其把标准调低到他们可以做到的程度，因为做到才会有自信。然后让他们学习自我反思。你可以让他们经常自问："这是我的表现吗？我喜欢这样吗？我可以做到更好吗？"这样他们对自己的自我形象就会越来越清楚，也就会从实际出发看问题了。

（3）要他们学会不怨天尤人。

让他们明白现在让他做的工作是为了培养他，从来就没有刻意地压抑过他们，不能把失败的原因归咎于环境，而要时刻自省，适时向别人请教。你要让他认清楚自己能力的不足和心态的缺失。要知道"卑微的工作也有高傲的自尊"。

（4）要帮助他们建立正确的工作观。

可以给他们一些简单的工作，然后要求他们展现应有的水准。因为这些人的语言能力通常不错，反而会说到做不到，所以行动对他来说才是最重要的。

如果员工挑拨离间引起纠纷，怎么办？

>> 【案例】

部门里有一位员工小刘总是喜欢生事。他对张经理当众表扬小胡一事颇感不满，他认为自己对工作十分投入，贡献不少。其实张经理心里很清楚，他对部门哪有什么贡献可言。于是，张经理请小刘列举自己的贡献事例，小刘只好顾左右而言他。

一波未平，一波又起，张经理从侧面了解到，小刘非常不满意张经理的处理方式，他和小胡私交也还不错，于是挑拨小胡，诱使他一同反抗张经理。

面对小刘这种挑拨离间，企图引起纠纷的苗头，张经理该如何做呢？

【支招】

"挑拨离间"型的员工杀伤力极强，只要一不注意，就可能使领导的整个管理活动陷入绝境。要对付"挑拨离间"型的人，只能防微杜渐，不让这类人进入团队，或者一发现就立刻清除。

1. 识破"挑拨离间"者

"挑拨离间"型的人多是以告密为手段，以达到他的目的。他们总以这种方式让人觉得他们是"知己"，然后利用这种"知己关系"，以及人们之间已有的摩擦达到的目的，被离间者的利益受损是绝对的。一般而言，离间者只有使被离间者在表面上知情，而不能在根本上知底，才能达到他离间的目的。所以，在交往中所形成的各种关系是离间行为的基础和载体。"挑拨离间"的人要达到离间人的目的，就必须与被离间人发生这样或那样的关系。如果没有这些关系，再高明的"挑拨离间"也达不到"挑拨离间"的目的。因此，如果突然有人特意地接近你，那么你就要当心了，说不定他正在实施他的离间术呢。

其次，"挑拨离间"型的人之所以费尽心机地挑拨，制造事端，多有自己不可告人的秘密在里面。如果无利可图，他们是绝对不会花那么多心思的。所以，如果有人告诉你某某在讲你的坏话，那么你一定要仔细分析引发

冲突的制造者的利益得失是怎样的，这样绝对可以帮助你识破"挑拨离间"者的真面目。

比如，当听到有人说自己坏话，肆意贬低自己的消息时，你要努力控制自己的情绪，保持头脑冷静。你可以这样回答："啊，是吗？让他们去说好了。"或者说："谢谢你告诉我这个消息，请放心，我不会与他们一般见识的。"如此，对方会感到没空子可钻，就不会再来纠缠不休了。

2. 谋定而后动

作为领导，很容易遇到"挑拨离间"的情况，如果遇到"挑拨离间"

者教唆其他员工一起反对你，这时你应该怎么做呢？

面对"挑拨离间"者，领导应先慎思明辨以下三个问题后，再谋定而动：

第一，挑拨者对他人影响力如何？

第二，自省你是否有足以令人挑拨的事情？

第三，被挑拨者能否轻易被唆使？

一如案例中的小刘，因为自己未受到表扬而觉得不公平，所以自己向经理无果后还是不服气，挑拨被表扬过的小胡一起反抗张经理。姑且不说这种挑拨离间能不能成功，单就这种拖人下水的做法用心就已经非常险恶。

因此，想要完美解决此事，张经理首先要做的就是冷静下来，千万别轻举妄动。既别向小刘询问有关挑拨之事，也别与小胡约谈有关小刘挑拨之事。因为在这个时候，小胡的动向可能是附和小刘，也可能是置之不理，如果张经理找小胡谈，气氛一定有点尴尬，有些话并不好问。如果直接把小刘叫来谈，小刘则可能完全不承认，轻举妄动对于这件事情而言并不能起到好的效果。

可见，对于领导来说，无论面对以何种面目出现的"挑拨离间"者，唯一的办法就是冷静再冷静，发现他们，然后清除他们。

如果员工争强好胜导致矛盾，怎么办？　🔍

》【案例】

小池毕业于国内某大学，然后又从国外深造回来进入某公司工作。由于在国外深造过，所以小池自认为自己比别人起点高，会的多，总觉得自己比别人都厉害。无论是对待同事还是对待领导，说话做事都比较狂傲自负，自我表现欲望极高，对于出错的同事还经常嘲讽一下，处处彰显自己。对于小池的这些行为，同事们真的是深恶痛绝，多次向领导反馈情况，要求领导予以解决。

【支招】

---

1. 对争强好胜型员工进行分析

凡事皆有两面性。如果你的属下中有争强好胜的员工，他可能不会事事先征求你的意见，但在另一方面，他可能是个很有才干的人。作为领导，你不能期望每位员工都十全十美，办事效率一流，工作质量优良，能提出有创意又能实行的计划，对你百般尊敬。所以，对待争强好胜者，你不能以同样的强势态度面对，不能想着以其人之道还治其人之身，而应该一方面从正面引导他们，肯定他们积极的一面，并为他们创造条件，让他们充分发挥自己的才能，从而实现企业的发展。另一方面找准恰当的时机，给他们指出争强好胜的消极影响，以帮助他们克服自身的问题，从而不断走向完善。事实上，在面对争强好胜的员工时，领导要做的是就他们的缺点作出指正，并就员工的特长及个性趋向，尽量给予发挥的机会，而不是一上来就进行打击。

中国人习惯"以和为贵"，这在员工管理中也同样适用。对领导来说，为了顾全大局，求大同、存小异是必须的，在某些方面做一些必要的让步，其实是一种聪明的管理艺术。

但是，有些争强好胜型的问题员工对上司的退让并不领情，反而会以为是自己的能耐大，才使领导不得不退让，进而变本加厉地瞧不起别人，也不尊重别人。对这样的人，领导千万不能一味迁就，而要在适当的时候，以适当的方式打击一下他的傲气，使他知道天外有天、人外有人。

2. 要分析员工如此表现的真实用意

一般情况下，下级只有在怀才不遇时才会争强好胜。如果确实是这样，领导就要为他们创造实现自我的条件，分析他们的具体才能，并依此给他们分配一些重要的任务，使他们感觉到一点点的压力。

3. 保持自信，不必动怒

争强好胜型员工爱表现，他们总是以自己的优点示人，所以很容易对领导造成心理压力。领导要坚守的信念就是也许他们确实有比你高明的地方，但你既然是领导，自然在管理能力方面比他强，所以不必自卑，更不必动怒。因为作为领导，必然会碰到各种问题员工，所以面对争强好胜型的员工也要心平气和，保持自信。

4. 领导要承认自己的不足

领导要自信但也要勇敢承认自己的不足之处，并在必要的时候予以改正和学习，这样就会使这些争强好胜的员工找不到针对你的借口。

5. 保全他们的面子

争强好胜的人都很好面子，所以面子问题是他们的大问题。在任何时候，你都要考虑他们的面子，不要让他们觉得自己丢了面子，否则会引起他们更大的反弹。因此，在批评他们时要单独进行等。

有的领导为了敲山震虎，警戒众人，总愿采取"杀鸡给猴看"的批评方式，其实效果并不一定好。杀鸡给猴看，猴子不看怎么办？总不能连猴子一块杀掉了事。

人的思想是复杂的，靠简单的威吓和批评扩大化的方法并不能很好地解决问题。因为人都有的自尊心，使他在众人面前挨了批评后内心自然产生屈辱感，生出愤愤不平之心。而对在场的其他人说来，本来是想要大家从中受到震动和教育，结果事与愿违，在场的人，有的会从中评头论足，有的会对被批评者寄予同情，有的认为与己无关而视这种批评为耳旁风。

正确的方式是不能在众人面前使他威风扫地，而要在没有第三者在场时，一对一地单独进行，要视对方对问题的认识程度以及内心的思想根源进行批评。如果认为单刀直入批评会招致对方反感时，应和他离开工作场所，耐心倾听对方陈述，然后再提出自己的规劝。

6. 用诚心感动员工

你要相信，这些争强好胜的员工只是因为想表现得更好才出现问题，他们的内心渴望着别人的肯定与认同。所以，领导要选择恰当的时机，真诚地告知他们的长处和优势，并表达自己想帮助他们达成目标的心愿。一场入情入理的谈话可以化解矛盾，可以改变员工对你的态度。

总之，一个成功的、负责任的领导一定不能对员工的问题不理不睬，而应该找出症结来加以解决。相信经过你的一番真诚帮助，这类员工也能够发挥出重实践、讲效率的优点，把工作做得更出色。

如果员工习惯推卸责任，怎么办？　🔍

>> 【案例】

小韩和小戴是速递公司的两名职员，他们俩是工作搭档，工作一直很认真，也很卖力。上司对这两名员工很满意，然而一件事却改变了两个人命运。

一次，小韩和小戴负责把一件很贵重的古董送到码头，上司反复叮嘱他们路上要小心，没想到送货车开到半路却坏了。如果不按规定时间送到，他们要被扣掉一部分奖金。

于是，小韩凭着自己的力气大，背起邮包一路小跑，终于在规定的时间赶到了码头。这时，小戴说："我来背吧，你去叫货主。"他心里暗想，如果客户看到我背着邮包，把这件事告诉老板，说不定会给我加薪呢。他只顾想，当小韩把邮包递给他的时候一下没接住，邮包掉在了地上，"哗啦"一声，古董碎了。

埃你赔！

"你怎么搞的！我没接你就放手。"小戴大喊。

"你明明伸出手了，我递给你，是你没接住。"小韩辩解道。

他们都知道古董打碎了意味着什么，没了工作不说，可能还要背负沉重的债务。果然，老板对他俩进行了十分严厉的批评，并表明在查明整件事后会进行处理。

"老板，不是我的错，是小韩不小心弄坏了。"小戴趁着小韩不注意，偷偷来到老板的办公室对老板说。老板平静地说："谢谢你，小戴，我知道了。"

老板把小韩叫到了办公室。小韩把事情的原委告诉了老板。最后说："这件事是我们的失职，我愿意承担责任。另外，小戴的家境不太好，他的责任我愿意承担。我一定会弥补我们所造成的损失。"

面对小韩和小戴，公司领导该如何处理？

【支招】

1. 建立健全员工责任心问责监督机制

被称为"中国式管理之父"的曾仕强教授曾说过："中国人只做领导检查的事"，这句话很有道理，对员工来说，如果不经常对其工作进行评估检查，他们就会觉得工作做不做好都一样，反正没人看没人管，就会懈怠。其实也并不是他们有意为之，而是他们觉得如果没人看没人检查，就是说工作并不重要，所以干不干好都没关系而已。与此同时，对其责任心也要经常进行评估检查，如此才能确保员工具备强烈的责任心。而这就要求公司建立健全的员工责任心问责监督机制，对其责任心进行定期不定期的检查评估。

在检查评估时要加以注意，一是责任心的检查评估只能放在具体工作评估中去进行；二是要有敢于较真的精神，对工作中出现的各种问题都要一查到底，找出原因，不能有难得糊涂的思想；三是问责监督机制只能在条令条例的框架下运行，不能超出条令条例的范围；四是问责监督机制要能与时俱进，时刻适合形势的发展要求。案例中小戴这种意图推卸责任的方法，如果建立起健全的员工责任心问责监督机制，便能很好地解决。

2. 加强员工责任心教育培训

责任心不是与生俱有，而是后天教育修养得来的，这是与世不争的事实。因此，为提升员工的责任心，就必须经常性地对员工进行责任心的教育与培训。

教育培训要从两个方面进行：一是加强对员工的思想认识、人生观、价值观、主人翁意识、工作热情、生活态度、社会形势等方面的教育培训；二是要加强对员工敢于认错，敢于承担责任意识的教育培训，因为只有敢于承担责任的人才能真正承担起责任，才能真正具备强烈的责任心。案例中的小韩其实很有责任心，出现意外的情况下还能在规定的时间将古董准时送到码头，尽管后来古董碎了，可面临巨额的赔偿小韩也没有逃避，还主动帮小戴承担错误。面对这样的员工，领导应该觉得欣慰，而不要一味苛责。

3. 严把员工招聘选拔标准

人们常说："龙生九子，各有不同。十个手指伸出来还不一样长。"就充分说明了人与人是不同的，不同的环境、不同的教育造就了不同的人才，这样人们的责任心也就参差不齐，高下不同。

为了保证公司的员工都具备强烈的责任心，就要从源头上抓起，严把员工招聘选拔关，把责任心强的有志青年选拔到公司中来。不过招聘时，并不能仅靠招聘人员的个人素质来选拔员工，也要靠一套严格有序的制度来确保员工质量。当然，就算选拔也不可能完全看透一个人，所以工作中出现像小戴这样推卸的人要及时加以规制，如果还不改的话最好及时辞退。

4. 加强对员工的各种保障

人有七情六欲，生活在社会中的人都是有需求的，马斯洛的需要层次论正是基于此提出来的。当人们的基本需求得到满足以后，比如只有吃饱了才有精力去干工作，从而才有可能具备事业心责任心。也就是说，要提升员工的责任心，就要大力加强对员工的各种保障，满足员工的基本需求，才能有效提升其责任心。

加强对员工的保障主要有以下两个方面：一是现时的保障，包括衣、食、住、行等生活保障，提升其综合能力的学习保障以及工作环境保障等。二是期望保障，也就是说让他对未来充满希望，而这份希望是通过他努力工作能得到的，是公司给予他的。

5. 合理安排员工工作

责任心是体现在事业中、体现在具体事情上，体现在工作生活学习中的每一件小事上、每一个任务上的。

要想提升员工的责任心，就首先要让员工们有事可做，要做到人人有事做，人人有责任。科学合理地安排员工们的工作任务，人尽其才。只有让每一名员工充分发挥出他的才能，让他的才能在工作训练中得到充分的展示，使他产生很高的成就感，就会极大地促进其责任心培养。不过像是案例中小韩、小戴这样的情况，半路车坏了还背着货物赶去码头，尽管初衷是因为不被扣掉奖金，但是也表现了一定的责任心。因此，像这种突发事件导致的不良后果领导应先予以理解，然后根据具体情况合理安排员工工作，避免下次再出现这样的情况。

6. 建立科学合理的管理制度和办法

人的成长无疑与社会大环境有着密切的关系，但对其影响更明显的是他周围的环境、他周围的人，如家长、朋友、老师、领导等。要给员工一个好的成长环境，以促进其责任心的加强，就要建立能适应形势发展的科学合理的管理制度和管理办法。通过高效的人性化管理使其产生积极向上的思想追求，从而达到提升其责任心的目的。

7. 提高基层管理人员的管理能力和修养水平

人的成长与他周围的人有着密切的关系，员工到一个公司工作，对其产生影响最明显的便是基层管理人员了，基层管理人员素质好、能力强，给员工一种如沐春风的感觉，员工就会朝着积极向上的方向发展，慢慢增强事业心和责任心。反之则会把员工引导向消极的方向发展，事业心责任心也就无从谈起。

在新形势下，随着社会的发展进步，各种不可预知的情况会不断出现，要想保持员工高昂的士气，出色地完成上级赋予的任务，就必须重视员工的责任心培养，使员工们时刻保持强烈的责任心，一心为公，全力工作。

如果员工不把公司财物当回事，怎么办？

>> 【案例】

某策划公司因为经常画图，所以橡皮、各色画笔、图纸等用的比较多，并且一直都是公司定时定量提供。可是最近总是有员工反馈画笔不够用，但以前公司从来没有出现过这种情况，因为画笔都是一次性采购很多，然后员工签名领取的。几次反馈之后，公司进行了调查，发现是有的员工将用了一半的画笔直接丢掉或者将新的画笔带回家然后再签名领取导致的。公司领导找员工谈话，可是员工却觉得只是几支笔而已没什么大不了。

【支招】

企业的各级领导特别是高层领导，要充分认识并尽量杜绝各种浪费。像案例中员工认为的仅仅只是几支笔而已，如果用的多了对于企业而言也是不容小觑的浪费，因此，即使是很小的浪费，领导也要引起足够的重视。

1. 规避等待浪费

等待浪费包括等待上级的指示浪费，上级不指示就不执行；等待外部回复的浪费，外部没有回音，就不行动；等待下级汇报的浪费，下级汇报或者汇报多次才核实、调查、处理。这些等待造成的浪费均会降低工作效率。像案例中的某策划公司，员工画笔不够用，几次反馈给领导之后领导才展开调查，导致员工几次都在等笔用，这已经造成了一种浪费。公司里有任何事情，领导都应该主动核实、调查，即使是购买画笔这样的小事，领导也应该隔一段时间核查一下画笔等工具的用度，看看够不够用、有没有浪费、需不需要重新添置等。只有领导积极了，员工才会积极。

2. 杜绝协调不力的浪费

在管理、工作中，无论是领导还是员工，都应该相互配合，如此才能更好地展开工作。如果协调不力，就容易造成工作上的浪费。如案例中画笔不够采购部却没有及时发现，如此造成员工等笔用的情况；领导没有及时处理如此造成员工多次反馈情况，这其中也存在时间的浪费等。因此，各部门之间应该协调合作，员工积极反馈，领导积极核查处理，如此才能提高工作效率。

除此之外，还要格外注意信息传递的协调不力。信息不仅在人与人的交往之间非常重要，在工作当中也尤为重要。如果信息在相关部门、相关人员手中停滞，使应得到这些信息的相关部门掌握不到，就会导致领导和员工难以有效地开展工作，不能准确及时决策，造成较大的浪费。如果信息不能汇总、分类、停滞在分散之中；信息没有对其充分的分析、核实和利用，发挥效应，停滞在原始状态之中；信息不准确，造成生产盲目、资料供应混乱、计划的频繁调整、没有效益的加班、库存的增加等，都会造成工作的停滞、浪费。

另外，企业领导要特别注意各部门之间的协调。因为如果一旦部门之间协调不力、相互制约、不沟通、各自为政、部门利益第一，形成独立的部门割裂之后，导致的后果会非常严重，不仅会对领导、员工的工作产生影响，对于整个企业的发展也是极大的阻碍。因此，对于协调不力导致的浪费，一定要最大限度杜绝。

3. 摒弃无序的浪费

"无以规矩，不成方圆"，这句古语说明规矩的重要性。任何一家公司如果缺乏明确的规章、制度、流程等，工作中都容易产生混乱。但是如果有令不行，有章不循，按个人意愿行事造成的无序浪费，则更加糟糕。案例中的领导在找员工谈话的时候，员工并没有把几支画笔当做一回事。因此，公司应该制定严格的规章制度，将杜绝浪费公司财务纳入其中，并且详细列明与公司财务有关的大小事情，杜绝员工浪费的借口，并且做到令行禁止，如果再出现浪费，查出之后处以一定惩罚如罚款等，定能很好地杜绝无序的浪费。

4. 改掉失职的浪费

失职的浪费是管理中最大的浪费。案例中有的员工没拿公司财物当回事，并且在谈话的时候认为只是几支笔没有什么大不了，其实在无形中已经是失职了，因为自己觉得浪费几支画笔没什么大不了，却一天一天累积起来给公司造成一定的财务浪费，并且给其他员工带来不便，无形之中降低了工作效率，造成浪费。还有领导在员工第一次反馈画笔不够用的时候并没有及时核查不够用的原因，导致员工几次反馈之后才具体调查、解决，这也是一种失职浪费。要知道，领导失职比员工更严重，因为他的影响范围更加宽、更加广。因此，要及时将这种失职浪费扼杀在萌芽中，主动、积极地履行各自的职责。

5. 注意财物监控

公司一定要特别注重财物监控问题，不能简单地把财物管理视作记账，要由专业技能的专人负责，并且有相应的激励机制和评估体系，做到将浪费杜绝在根源上。案例中的策划公司可以先按照每月比较合理的平均用笔量，计算出需要花多少钱，然后由财务拨款购置，不要一次拨太多钱买很多，而是根据公司具体情况、员工所用情况及时进行调节，如此才能不被动。

6. 精细化管理，奖励节约员工

即使是一支小小的画笔，买得多了也是一项财务支出，所以公司要实行精细化管理，每位员工签字领取后，每个月根据具体情况总结出用的最少的员工，然后设置奖励，以此作为宣传，鼓励节约。

如果员工泄露公司机密，怎么办？　🔍

>> 【案例】

　　某海鲜城为了提升自己的服务质量，专门重金聘请了一位比较著名的海鲜师傅，双方签订了为期两年的劳动合同。劳动合同规定，海鲜城有自己海鲜的秘制方法，包括配料、程序、外观以及对海鲜烧制方法的改进等，都属于海鲜城不外传的商业秘密。海鲜师傅作为秘密的知情者负有保密之责，双方劳动关系存在、续用以及合同终止三年内，海鲜师傅不能自行或协助他人经营与海鲜城有竞争关系的业务，作为相应的补偿，酒店为海鲜师傅每月加发 3000 元的保密费。

　　合同正常履行一年之后，海鲜师傅受到猎头公司的鼓动，暗地里接受了另一家想发展海鲜招牌的海边度假村的高薪聘请，以家里有事为由向海鲜城请了为期两个月的长假，暗自来到海边度假村做起了同样的海鲜烹调工作。

　　不过，世界上没有不透风的墙，很快这件事情就被海鲜城知道了，海鲜城的领导很气愤，但没有打草惊蛇，在积极收集证据并咨询律师之后才启用法律程序，将海鲜师傅同海边度假村同时作为被告告上了法庭。

1. 即刻反应，行事缜密

案例中，海鲜城领导在得知海鲜师傅违反保密条例之后，并没有被气愤冲昏头脑，而是选择了默默地搜集证据，待有关的物证、录音、录像等证据都得到之后才启动法律程序，将海鲜师傅和海边度假村作为共同被告送上了法庭。

面对突发事件，领导就应该具备这样的魄力，冷静地做出即刻反应，行事缜密，做出最佳选择。

2. 熟悉相关法律

根据《中华人民共和国劳动合同法》第二十三条、第二十四条规定："用人单位与劳动者可以在劳动合同约定保守用人单位的商业秘密和与知识产权相关的保密事项。"

对负有保密义务的劳动者，用人单位可以在劳动合同或者保密协议中与劳动者约定竞业限制条款，并约定在解除或者终止劳动合同后，在竞业限制期限内按月给予劳动者经济补偿。劳动者违反竞业限制约定的，应当按照约定向用人单位支付违约金。

竞业限制的人员限于用人单位高级管理人员、高级技术人员和其他负有保密义务的人员。竞业限制的范围、地域、期限由用人单位与劳动者约定，竞业限制的约定不得违反法律、法规的规定。

作为一家公司的领导，无论大小，都要对涉及该行业的法律法规进行一定的了解，如此才能更好地运用法律武器维护自身权益。

劳动者和用人单位之间是一种劳动合同关系，基于此种关系而发生的纠纷属于劳动争议；除了劳动合同关系之外，劳动者和用人单位之间有时还会存在侵权关系，此类纠纷则不属于劳动争议，而属于一般民事争议。

案例中，海鲜师傅私下接受海边度假村的聘请并泄露海鲜城的商业机密，违反了其与海鲜城的劳动合同，同时又对海鲜城构成了侵权，是"违约"与"侵权"的结合。在此情况下，海鲜城寻求司法途径有两条：一条是以海鲜师傅违约为由，按劳动争议程序解决，即申请劳动仲裁，在需要时再进入法院审判程序；第二条是以海鲜师傅侵权为由，按一般民事争议程序解决，即直接向法院起诉。对于这两条途径，海鲜城可以自行选择，但选择不同的途径，对方主体有所不同。

选择第一条时，对方主体是被申诉人海鲜师傅，海边度假村列为第三人；选择第二条时对方主体是被告为海边度假村，海鲜师傅列为第三人，或者直接将海边度假村和海鲜师傅作为共同被告。案例中海鲜城正是选择了第二条当中将海边度假村和海鲜师傅作为共同被告起诉到了人民法院。从救济的力度和效率上讲，这种选择是值得肯定的，可以称之为最佳结果。

如果员工一味贬低竞争对手以致公司难做，怎么办？

>> 【案例】

　　某日化公司推销员在推广自己的产品时，总是以××公司的产品来做对比，称自己公司的产品是"××化妆品美白效果的3倍""比××公司一般的化妆品更滋润保湿"等宣传词。竞争对手××公司知道以后，以其进行"对比推销""虚假宣传""捏造事实"三种性质的不正当竞争为由，将某日化公司告上法院，要求该公司承担其员工一味贬低自己公司的责任，不仅要公开道歉，而且还要赔偿××公司名誉损失费。

【支招】

　　案例中，某日化公司的推销员在推销自家产品时总是以同行业不同公

司的同类产品做对比，贬低竞争公司的产品，夸大自己公司的产品，明显误导消费者，使其在面对此类广告时的判断完全被这样的对比引导，而在无形中降低了竞争公司及其产

品在消费者心中的地位。

竞争作为一种正常的市场行为是企业运营中所必须面对的，而当市场发展成熟到一定阶段，恶意竞争也是无法避免会随之发生。

既然恶意竞争是无法避免的事情，企业在运营过程中就要对竞争对手的恶意竞争方式有深入充分的了解，及时做好准备，拟定好应对策略，想方法去防止、降低竞争对手恶意竞争给自己所造成的危害。

1. 收集竞争情报，监控竞争对手行动

在瞬息万变的信息时代，竞争情报已经越来越显示出其重要的作用：竞争对手做什么、如何做、什么时候做，竞争对手的市场策略会对己方有多大的冲击与影响，对于这种重要的问题，企业可以通过对竞争情报的收集与分析，得出一定的结论。

及时有效地收集竞争情报，分析竞争对手的每一步行动，可以让企业对整个市场运营帷幄在心，预先制定应对策略，从而有效避免竞争对手忽然采取恶意竞争手段而给自己的带来的损失。

2. 速度制胜，攻击自己胜过被敌人攻击

速度已经成为一种强大的竞争优势。任何一家企业如果能够在产品研发、营销策略上赢得更多的时间优势，就可以提升自己的市场竞争力。而速度制胜的另一含义就是永远让竞争对手无法找到自己的弱处，让对手永远气喘吁吁在跟在背后亦步亦趋。

速度制胜，甚至不惜攻击自己、大胆淘汰自己的产品，许多卓越的企业正是依此而取得成功。当企业全速前进时，对手就无法找到攻击的时机，此时企业唯一的竞争对手不是别人，只有自己。

案例中的某日化公司在自己的推销员做出贬低竞争对手的行为之后，

应该及时向竞争对手道歉，而且要反思自己，发展自己的品牌，而不是以贬低别人的品牌来销售自己的品牌，这终究不是长远之路。

3. 给对手以强大的报复震慑感，令竞争对手不敢轻举妄动

当某些企业在市场上具有一定垄断力量时，其所拥有的市场势力十分巨大，这种市场势力既是意味着一种地位，更是一种对敌手的震慑力量。某日化公司推销员之所以在推销中总是以"我们的产品比××公司的产品更具备美白、滋润保湿等效果"来作为宣传语，说明××公司的产品本身就具备较高的知名度，以此做对比人们才会知道。而××公司在得到这样的消息之后即刻做出反应，将某日化公司告上法庭，让所有的对手公司都看到报复的震撼感，让竞争对手不敢再借自己公司的产品上位。

4. 加强员工素质教育，提升工作能力

案例中的某日化公司需要提高员工的素质教育，提升其业务能力。毕竟，现代企业运营过程中所要考虑的问题太多，不仅要满足消费者的需求，遵循一般的市场规则，还要在四周虎视眈眈的竞争对手与潜在对手当中脱颖而出，可以说，市场就是一场斗智斗勇的生存挑战。适者生存、优胜劣汰，生存规则一向残酷无情，只有那些综合工作能力强的人才能学会机智地应对一般竞争、沉着地超越极度竞争、冷静地防范恶意竞争的企业，成为最后的大赢家。

以案例中的推销员为例，他最大的竞争对手是××公司或者说是××公司的推销员。如果该推销员想要提升自己的业务能力，就要找出竞争对手的优点，找出有别于"我们好、他们坏"的其他表达。

假设，××公司的推销员因为自己公司的产品知名度高而比较傲慢，服务态度较差，那么该推销员便可以从真实情况着手，作为突破点与客户

进行详谈。不要直接问客户为什么要跟傲慢无礼的推销员合作，而是说"一直听说他们有自己的做事方式，而作为客户，你可能会比较希望他们的服务文化符合你的需求，正是如此，我希望你能够给我和我公司一次机会，多一种选择，对您只有好处，没有坏处。"客户听到这样的话之后，无论其做出何种选择，都已经对你和你的产品留下了印象。

5. 扭转员工的错误观念

现代社会，竞争无处不在，人人都有对手。这些对手可能是敌人也可能是同事、朋友，采用怎样的态度对待他们，看起来似乎是件小事，但却可以决定一个人的成败。许多人在对手竞争时，观念上会不同程度的陷入一种误区，那就是把对手视为敌人，不择手段地进行打击，以达到取胜的目的。如案例中某日化公司的推销员，在推销过程中靠打击竞争对手的产品突出自己的品牌，本身就是一种需要扭转的错误观念。

而扭转错误观念，首先从永远不要说竞争对手坏话开始。恶意攻击竞争对手就是告诉潜在客户你充满仇恨、愤怒，甚至可能是卑鄙的。这通常让竞争对手相比之下看上去比较好。

其次，当竞争对手对客户做了不正当的事情时，要告诉客户。如果你真的认为购买竞争对手的产品是客户将犯的一个大错，将这一事实告诉他们是你的神圣职责。

第七章

如何与员工建立良好关系

　　员工之于公司如同水之于舟，作为公司领导，只有与员工建立良好的关系，才能达到水涨船高的双赢目标。毕竟，聪明的领导都知道，员工为了钱替自己工作和为了欣赏自己而工作是明显不一样的境界。

如果员工因得不到施展而失望，怎么办？ 🔍

≫【案例】

领完薪水之后，白领小华收拾东西离开了这家工作了五年，人人都美慕的公司。毕业之后，小华就进入了这家公司工作，一做就是五年。其实这家公司的福利和待遇还算不错，在辞职的时候小华也没有更好的职业选择，但他还是不顾家人的反对毅然辞职了。究其原因，小华说："公司内部的人事斗争比较复杂，辛辛苦苦工作也得不到重用，很难有升职的机会，每天这么辛苦工作都不知道是为了谁，看不到明天。"

【支招】 ✒

铁打的营盘流水的兵，每年一接近年底，像小华一样选择辞职的人就格外多。因此，我国企业出现一个奇特的现象：一方面公司感觉人才缺乏，一年当中几乎天天在招人；另一方面却经常有员工离职，年底的时候最为严重。想要解决这样的问题，公司领导需要做到：

1. 围绕"两感"文化，打造雇主品牌

所谓的"两感"文化，一个是归属感，一个是成就感。前者是让员工对公司有家的感觉，后者是让员工有施展才能的平台。案例中的小华就是因为没有得到施展的平台，才不得已选择辞职。所以，想要解决员工因得

不到施展而辞职的问题，就要围绕"两感"文化，做好雇主品牌。

雇主品牌的核心是以员工的满意度为标准的，至于如何打造员工对公司的满意度，则是通过"两感"实现的。具体的做法包括：让员工有事做，不仅能够完成公司布置的任务，还能自己主动找事情做；让员工有仁爱之心，不仅要使员工感受到企业在爱他，还要影响员工去关心爱护其他的同事；要让员工对未来有期待，不仅要让员工对企业有期待，而且要让员工对自己有期待。如此一来，员工才会对公司充满信心，认为在公司一定会有发展。

2. 分析员工得不到施展的原因

员工认为自己在公司得不到施展，可能是企业对人才的不重视造成的。这种不重视通过落后的观念和管理办法直接表现出来。首先，在人才观念上，尽管口头上说要尊重知识、尊重人才，实际上却对知识和人才缺少强烈的需要，把人才看成是企业的成本或赚钱的机器，往往忽视员工的个人利益和事业发展，这种忽视必然造成人才的流失。

其次，在企业的管理方式上，忽视人性的多样化，不尊重知识，不尊重人才，雇员工作自主权很少。此外，企业大多未形成一套完整的人才机制，在人才的配置与选拔上存在随意性，在员工中造成了不公平的工作环境，导致人才流失。忽视员工培训和人才自身的发展，为节省开支，削减培训预算。同时企业也怀疑人才的忠诚度，对人才只使用，不培养。企业缺乏人才培养规划，缺少人才职业生涯设计的概念，使得人才不能随着企业的发展而提升自己的能力。而人才一般都希望在其职业生涯中获得最大可能的成果，在努力寻找着提高其职业水平的最佳途径。这两者思想上的冲突会导致人才选择离开或离职。像小华，进入公司 5 年都没有得到任何升迁或者发展自己的平台，而深陷人事斗争不能自拔，这就是企业落后的管理方法所导致的，没有及时发现公司所存在的弊端，导致人才流失。

3. 改变用人观念

完善企业用人机制，努力做到"制度留人"。首先要建立科学的干部选拔、任用制度，重视运用干部管理和现代人力资源管理学的理论和方法，建立科学规范的选拔任用制度，形成富有生机与活力、有利于优秀人才脱颖而出的选人用人机制。其次要建立科学灵活的用工制度，为企业人才提供广阔的发展空间和锻炼机会，吸引和留住人才。

第一，把价值观作为聘用人才的首要标准。企业在招聘人才时不要把全部注意力都放在求职人是否适合特定工作要求上和是否有高超的工作技能上，而应该更注意求职人的价值观和追求是否与本企业相符合。应该聘用那些具有与企业追求的文化相协调的价值观的人才，这样才能更好地留住人才，避免为他人作嫁衣。

第二，给求职者提供现实的工作预期。每个企业都渴望招聘到优秀的人才，所以通常会过分吹嘘和许诺以及以虚假广告的形式来展现企业的优越，在这种欺骗的背景下隐藏着巨大的潜在危险，当员工进入到这种企业中后，随之可能产生对企业的失望，最后离职变动。因此，企业应该在人才选聘时向求职者客观介绍有关情况，如企业现状及发展概况、报酬、岗位和工作内容以及发展机会等，确保他们是自愿来到企业工作的，这样可以降低人才的流动率。

第三，选择科学合理的招聘方式。注重企业人才的引进，建立广纳群才的、充满活力的用人机制，把各类优秀人才集聚起来，及时弥补人才流失对企业发展的影响。要针对企业所需，组织、参加各类人才招聘活动，做到引进人才与引进资金、项目结合，引进定居人才和柔性聘请人才相结合。在人才引进中要不惜重金买才、高薪聘才，真正用优厚的待遇、宽松的政策吸引高层次人才，不断壮大企业人才队伍，增强企业发展的活力。

4. 注重人才的培养，制定一套好的、执行力度强的人事管理制度

加强对企业员工的教育培训，特别要注重对年轻员工的培养。培训是企业给予人才的一种福利，一个不能提高人才的技能和观念、没有人才发展机会的企业是很难留住人才的。人力资源是高增值性资源，它能在使用过程中不断实现自我补偿和发展，他们在企业工作的时间越长，企业得到的回报就愈大。人才有一个突出的特点，就是希望在工作上能实现自我价值，得到上司和同事的认可，在工作中获得乐趣和满足，这些是薪酬无法起作用的，所以企业在重视待遇留人的同时，也要注意以事业留人。

第一，做到人尽其才。首先，给人才明确的工作目标。企业在制定目标时要考虑两点；一是要考虑员工的兴趣；二是要有一定的挑战。因为人才喜欢在工作中得到精神上的满足，体现他们自己的价值。其次，给人才安排能最大限度施展其才能的工作岗位或职位。人才也不是通才，他有自己擅长的地方，也有自己不懂的地方。只有当他们在最合适的岗位上，人才才能对企业的工作充满激情，人才才能体现出人才的价值。案例中的公司就没有做到这一点，放任复杂的人事关系弄得小华这样的员工不得不辞职，造成人才损失。

第二，向人才提供教育和培训的机会。21世纪是人力资本竞争的时代，建立学习型组织，开展有效的培训是企业的需要，也是个人的需要，通过教育和培训，不仅能提高人才的素质、工作效率，而且能使人才感受到企业对自己的重视，从而产生归属感。能否获得再教育和培训的机会，已经成为人们选择工作岗位时的重要参考因素。

第三，健全劳动合同制度，增加员工安全感。企业要主动和员工签订规范完备的劳动合同，在合同中要对工伤后的工资发放、医疗抚恤做出详尽的规定，明确员工的合法权益，打消员工的疑虑。

5. 以德留人，任人唯贤

企业领导要严于律己，加强自己的职业道德修养。在工作上秉公执政，在作风上正道直行。不为一己牺牲集体利益，不因搞平衡而怯于公正，不搞"近我者亲，远我者疏"，更不可党同伐异、玩弄权术、有意整人。古人云"得人才者得天下"，人才是一种稀有资源的观念已渐渐被人们所接受，许多企业都强烈意识到今天的竞争就是人才的竞争、脑力与智力的竞争。

因此，企业要想在激烈的竞争中站住脚，领导必须任人唯贤，解决好人才流失的严重问题，在实践中不断改进发展，找到行之有效的解决方法。

6. 建立以人为本的企业文化

营造良好的文化和学习氛围。优秀人才大多富有进取精神，非常看重学习和成长的机会，非常重视企业内部的文化和人文环境。企业要大力开展企业文化建设，在以强大的价值观凝聚人心的同时，在企业内部营造出良好的文化和学习环境，把人才职业发展前景和专业继续教育作为吸引和留住人才的一项重要措施，采取进行专业知识培训和其他能力培训等各种方式，为优秀人才提供"充电"的机会，让各类人才在企业中如鱼得水，努力实现企业战略目标和人才成长轨迹的有机结合。加强与员工的沟通与交流，建立和谐的以人为本的企业文化。适时组织员工茶话会、员工满意度调查、员工访谈等活动。分享员工一段时间以来的工作心得，及时认可并表扬业绩优秀的员工，并帮助有困难的员工解决工作和生活中遇到的麻烦。如果案例中的公司这样做了，小华也许不会辞职。

公司可以通过以下方式来丰富企业文化：

（1）员工生日会。公司将该月过生日的员工集中起来进行一次生日会，花的时间也不用太多，下班前15分钟就够。这种做法既增加了公司员工之间的感情，促进员工之间沟通与交流；又可以让员工感觉到家的温暖，增强企业的凝聚力。

（2）开展员工活动。以部门为单位组织各种比赛如球类、田径、卡拉OK等，这样既能丰富员工的业余文化生活，同时也能够使员工之间彼此了解各自的兴趣，增强团队的凝聚力。

（3）特殊福利。每逢公司员工生小孩或结婚时，为其提供高级花车、精美礼品或现金贺礼等，在特别的日子为员工送上这种特别的礼物，不只是获得了员工的感激，更是增强了员工家属对员工以后工作的支持度。

随着市场的全球化，新的管理技术和方法地融入形成了国内竞争国际化、国际竞争国内化。随着新一轮人才流动热潮，许多企业发出感叹：人才难留。其实，如果公司具有合理的薪金、广阔的平台和良好的企业文化，人才便不再难留。

如果员工蹬鼻子上脸，怎么办？

Q

》【案例】

陆总是一位非常和善的公司领导者，员工犯了错误，只要不是太大的，基本上就是批评几句而已，从来不会上纲上线地进行严厉的批评。在下班后，陆总是一个非常平易近人的老板，时常跟员工谈心、聊天，员工说一些稍微过分的话也完全不在意，与员工打成一片，一副好好先生的模样。时间久了，小丽开始分不清上下班对陆总该有的态度，总是仗着陆总比较好说话这一点屡屡犯错，颇有点蹬鼻子上脸的感觉。

【支招】

案例中的小丽给人蹬鼻子上脸的感觉主要是因为她没有意识到公私分明这个问题。而好好先生陆总也给她造成了这样没大没小、没上没下的错觉，认为自己在公司可以随意表达自己的意见，自由一点工作，即使犯错也没有关系。针对蹬鼻子上脸型员工，作为领导要做到：

1. 掌握并灵活运用刺猬法则

心理学上有个名词叫作"刺猬法则"，是说冬天里两只刺猬靠在一起取暖，一开始靠得很近，结果都扎到了对方，离太远了又起不到取暖的效果，最后终于找到了一个适合的距离，既起了取暖的效果又不会扎到对方，幸福地生活在一起。

如果领导能够掌握并熟练运用"刺猬法则"，和员工的关系有一个度的把握，便会营造出融洽的工作氛围，成为恩威并施的领导，培养出知道进退的下属。

通用电气公司的前总裁斯通在工作中就很注意身体力行"刺猬理论"，尤其在对待中高层管理者上更是如此。在工作场合和待遇问题上，斯通从不吝啬对管理者们的关爱，但在工作之余，他从不邀请管理人员到家做客，也从不接受他们的邀请。正是这种保持适度距离的管理，使得通用的各项业务能够芝麻开花节节高。

与员工保持一定的距离，既不会使你高高在上，也不会使你与员工互相混淆身份。这是管理的一种最佳状态。距离的保持靠一定的原则来维持，这种原则对所有人都一视同仁，既可以约束领导者自己，也可以约束员工。掌握了这个原则，也就掌握了成功管理的秘诀。如果陆总能够做到这一点，让员工亲近自己的同时又谨守本分，那么员工蹬鼻子上脸的情况自然会消失。

2. 明白并落实慈不掌兵、情不立事的原则

"慈不掌兵，情不立事"是古人很有名的带兵名言。正如孙子所说："厚而不能使，爱而不能令，乱而不能治，譬若骄子，不可用也"，古来善用兵之人，皆知此理。这不是说要对部下黑脸黑色，而是说关键的时候绝不能因为妇人之仁而误了大事，所谓养兵千日，用兵一时，处此"一时"之时，统帅战将必要有钢铁一般的意志和决心以指挥行事，绝不能因心软而坏了大局。

其实非止驭兵之法如此，用人皆然。所谓商场如战场，这些一般的军事原则也完全适用于其他将人之实践。如前 GE 总裁杰克·韦尔奇的近著

《Winning》一书中，专列一章讲在健康公司人事管理中的"20∶70∶10"划分原则。这最后的10%，就是指定期评比中的落后或不适应分子必须要被裁掉。韦尔奇在该书中大力倡导此划分原则，认为只有这样才是真正的公平，而不是歧视。

实践证明，这种划分非常重要和有必要。若对那拖后腿的10%过分仁慈，那就是对占主体的90%的不负责任，赏罚不明，就会影响整个工作气氛，人浮于事，不求有功但求无过，对大到国家、小到团体机制的正常运作，都是很不利的。当然，究竟该以何标准来衡量那10%，是要具体情况具体分析的。严格并不等于蛮不讲理，更不等于投上之所好，由领导一人喜好说了算。因此，一套公开的、透明的、公正的衡量标准是有效运作此套"20∶70∶10"原则区分的根本保证。

商场如战场，商场上同样要求"慈不掌兵"。一家公司或企业的领导者如果一直"非常仁慈"，尊崇"无为而治"，那么，对公司、对自己、对员工都是非常不利的。

首先，员工不服管。在一个"非常仁慈""放手不管"的领导者下面干活，员工都会放肆、随意得很，丝毫不听从公司号令，只会想着自己的私利，从不为公司、为他人考虑。员工都会被这样的领导给"宠坏"，骄傲蛮横，毫无长进，就像案例中的小丽一样。

其次，公司业绩糟糕。由于领导"仁慈""无为"，公司整体执行力极差，有能力者和无能力者一样待遇，员工只会内部争斗、牟取私利，而不会为公司、为领导多做一点贡献；即便某个员工"感恩"，但是由于其他员工的不配合、不支持，最终也一事无成。公司业绩糟糕，并且一直这样糟糕下去的话，那公司也将难以在瞬息万变的商界立足。

再次，员工不领情。中国有句俗话："施恩于人，恩德过大反而成为仇人；欠人人情，反而成为更好的朋友。"领导对员工太宠爱、太娇惯，员工就会"恃宠而骄"，在很多时候会"恩将仇报"，根源就在于领导对员工太好了，员工已经习惯接受领导的"宠爱和溺护"。一旦领导哪天说话不注意，或者细节疏忽了一点，员工就会反过来仇恨领导，尤其是领导前面对员工越好，后期员工对领导的"反击"就越厉害。

总之，平日中最关键的就是给员工塑造一个威严但不失亲和的形象。所谓威严，是以自身的优点、魅力和严格的管理办法塑造出来的。一旦发现员工犯错误，则立即进行批评教育，让员工不敢再犯同样的错误。所谓亲和，是员工在兢兢业业工作、为公司做出贡献等时候给予赞扬、鼓励以及奖励，让公司员工明白自己的关爱之心，并且一定要保障员工的基本权益，做到一碗水端平，赏罚分明，如此才是上上之道。

如果员工觉得领导不尊重人，怎么办？　　🔍

≫【案例】

　　曾经有一位美国经理负责管理印度尼西亚海洋的石油钻井台，一天他看到一个印尼雇员工作表现比较糟糕，就怒气冲冲地对计时员说："告诉那位混账东西，让他搭下一班船滚开！"这句粗话使那位印尼雇员的自尊心受到极大的打击，他被激怒了，二话不说，操起一把斧子，就朝经理杀来。经理见状大惊，连滚带爬地从井架上逃到工棚里。那位雇员紧追不舍，追到工棚，恶狠狠地砍倒了大门。这时，幸亏其他工人及时赶到，力加劝阻，才避免了一场血光之灾。

【支招】✒

　　像案例中的美国经理一样，高高在上、不尊重员工，这样的领导不仅永远无法获得员工的信任，还是不称职的。

　　在企业中，有一些领导认为自己的能力很强，常常用一种优于普通员工的态度和员工说话，在管理的过程中滔滔不绝地发表自己的意见，不断地反驳员工的意见，以显示自己的能力。殊不知，这种高高在上的姿态会引起员工的强烈反感，失去员工的信任，甚至会损害到企业的利益。

　　尊重员工是企业领导的基本素质。早在 20 世纪 30 年代，芝加哥西部的一家电器公司就得出结论：员工不单是靠工资来调动积极性的经济人，而且是有获得别人尊重、友谊需要的社会人。这就表明要管理好企业员工，首先必须充分尊重他们。案例中的美国经理就因为不尊重员工而付出了代价。

现如今，也有一些领导在管理的过程中永远高高在上，根本不尊重员工的劳动。有的领导习惯了对员工颐指气使、指手画脚、呼来喝去；有的领导喜欢让员工唯命是从，员工稍有不同意见便横眉竖目、态度粗暴，甚至常常以"你不愿意干，有的是人愿意干"之类的话相威胁。试想，这样的领导怎么能得到员工的认同和信任呢？

上下级的关系处理往往从最开始的任务分配就开始了，领导架子可以有，只要有的放矢，相信员工也会因你的架子而自觉"温暖"，主动让领导来认识自己、关心自己并努力工作。

1. 尊重双方的立场，让员工有更多的"主见"

对分配下去的任务，员工绝不会一一服从，免不了会有分歧的意见，领导可以从自己的经历、经验给予员工指导，但万万不可所有的思路想法都由领导自己去琢磨，当员工的观点出现"瑕点"，领导别急着纠正，也别急着不高兴，应先尊重员工的立场，表明自己明白在员工所处的阶段由于工作经验不足等可能对观点的阐释不是很充分，从而在尊重的前提下给予员工更多的创新点，告诉员工从已有的既行方案里找亮点、找创新，而不是告诉他们一味地怎么做和指手画脚，让员工产生反感，总而言之，就是领导要做好表率，让员工主动去学习成功的实施方案并找到更好的可再创新点，这才是极好的领导者。

2. 双重沟通，让员工和你有话掏心交流

很多员工并不是只知道朝九晚五、机械式地日复一日，他们的许多看法和观点其实多数不愿让领导知道，因为在他们眼里，领导就是领导，单向沟通让他们有想法自己憋着，有点像"事不关己，高高挂起"的旁人一样，与本职工作没联系的就少扯。领导应多关心这样的员工，他们的想法如果得不到很好的释放，那么对于培养其归属感及幸福感就会很困难，员工不跟领导沟通，无事闷着，有事更闷着，无疑会让领导在管理他们、布置工作的时候出现难点和错误。因此，作为领导要主动去沟通，让他们知道领导的架子并不是高高在上的。想要搭建沟通的桥梁，就需要找到合适桥墩子，也就是所谓的机会。找到合适的机会，让员工明白你的心里是看重他们的，认可他们才能的，而不是口是心非地"承认"他们，让员工们的心悬着，不敢也不愿来和你掏心交流。因此，在与员工的沟通上，领导要格外下功夫，琢磨沟通技巧，如此才能让员工掏心掏肺地对你。

3. 放下架子，融入员工的工作和生活圈

关心员工，除了理智的物质激励，更多的还在于精神激励，如果一个部门员工们都合群，在一起可以畅所欲言，这样的员工圈子想必是一个凝聚力非常强的团队，可是当领导在场时员工们都毕恭毕敬，没有一点兴致，那领导就有危机了。想要解除危机，别让员工再继续尴尬，是领导最需要做的事情。虽然说，"物以类聚，人以群分"，但是领导的圈子也不都是领导，在工作这个圈子里，员工也是非常重要的一部分。所以，要放下领导架子，做到与员工开心、患难与共，这样不仅能赢得员工的尊重，领导的威严也依旧存在，因为这样的领导值得员工信赖。无论是案例中的美

国经理，还是各色各样的公司领导者，只要能够做好以上三点，基本上就可以融入员工之中了。因为一旦让员工开始觉得领导不尊重人的话，那么员工就会开始认为领导端着架子、不够包容，从而对领导产生严苛的印象，如此一来员工的工作积极性就会大受打击，会以"不求有功，但求无过"来要求自己，不会奋发向上为公司、为自己打拼，这于公司、领导和员工自己而言都是损失。

如果员工在背后散播领导谣言，怎么办？ 🔍

>> 【案例】

小夏2012年4月成功应聘某外企，任销售一职，入职后签订了为期三年的劳动合同。期间，小夏工作业绩一直很突出，日前公司有一个升职的机会，小夏和一名叫莉莉的员工同时竞选上岗，最终由于莉莉是经理一手提拔出来的人而升职成功。小夏对此非常不满，开始编造经理跟莉莉的谣言，什么暧昧、受贿之类的，闹得公司沸沸扬扬，造成了非常不好的影响。

【支招】

毛主席说过，"凡是有人群的地方，就有左中右"，所以不可避免地在一个集体中总会有背后的议论纷纷。事实上，作为领导，如何处理好背后的议论是十分重要的，因为

处理不当会产生很多不良后果。只要合理地分析各种议论的性质，然后冷静地处理，就能够很好地应付此类情况，有时甚至能起到化逆为顺的效果。下面我们首先举例分析各类言论的属性，然后寻求更加圆满的解决之道。

1. 以身作则，身正不怕影子斜

案例中小夏这样为了宣泄心中的怨气而恶意诽谤的言论，传到经理或者公司更高级别的领导当中，影响都非常恶劣。无论是中层领导还是最高领导，都要从中吸取教训，尽早解决问题，以免破坏公司的安定团结。

面对这样的问题，最根本的解决之道就是自己要行得端、坐得正，身正不怕影子斜。作为公司形象的代表，本身全公司员工的目光就集中在你身上，所以你更应该兢兢业业、勤劳刻苦，以自身的不懈努力为公司创造成绩，并督促自己提拔起来的员工更加努力地工作，通过两方相互努力，类似于案例中的谣言会不攻自破，因为群众的眼睛是雪亮的。

2. 与员工多一些沟通、交流

工作闲暇之余，与公司员工多一些沟通和交流，明晰地表达一下自己的主张和观点，让大家对你有一个总体印象。如果你给人的印象是诚实而可靠的，即使有议论你如何不道德之类的闲话也是无济于事的。在处理这件事情的过程中，经理一定要切记，千万不要与诽谤自己的"小夏"发生争执，这样只会使你的形象受损，加深员工对你的误解。你应该始终保持一种迷人的风度，平静努力地做你所要做的事，流言自然会消失。

3. 通过流言反思自己

公司出现关于自己的流言，第一反应是不要因为生气而去打击报复流言散播者，否则容易导致反效果。面对流言，最先要做的是平心静气，从自己身上找原因，看自己是否有做得不好的地方，让员工散播出这样的谣言。如果自己有做得不足的地方，便应把员工的谣言当做鼓励自己的鞭策和动力，默默为公司、员工服务，改变自己在员工心中的形象。

总之，不管别人怎么议论你，你只要通过实际行动来证明自己的优秀即可。任其风吹浪打，胜似闲庭信步，经此事件，你会变成更加出色的领导者。

如果员工对领导存在偏见，怎么办？ 🔍

》》【案例】

张女士是一家化妆品公司的销售经理，现在需要组织一次消费者消费意向的调查，以评估社会对公司新产品的接受程度。为了锻炼新员工，她决定把这项工作交给才来公司销售部不久的大学生李小姐。

星期一，李小姐得到了这项任务。张女士详细地向她介绍了具体要怎么组织，还传授了一些自己的心得和经验。然后，张女士对李小姐说："现在你可以按照自己的想法，放手去做了。"

之后的两个星期，张女士注意到李小姐主要采取了招聘大学生的方式。大学生们或者在街头吸引消费者填写调查问卷，或者发动自己的关系网寻找合适人群填写问卷。效率虽然很高，但是问卷的真实性值得商讨，很多大学生为了完成任务，随便找来亲戚和同学帮忙填完手中的问卷，而填卷人往往并不是化妆品消费的目标人群。

发现问题之后，张女士立刻找到李小姐，告诉她此次问卷调查均不合格，需要重新补充调查，即根据消费者填写的联系方式联系他们，再次调查他们的消费习惯，以防止有人滥竽充数，只求交上来的问卷数量达标而不问其他。

李小姐听到之后非常失望，认为张女士太过认真，虽然是自己的亲戚和同学填写的问卷，但是他们作为消费者，也具有一定的发言权，何必如此严苛。张女士看到李小姐眼中的失望和不满，及时做出回应，将这样做的原因解释清楚，告诉李小姐，虽然同学和亲戚也是消费者，但不是这套化妆品最合适的人群，只是在应付了事而已。而且李小姐刚进公司，做出一份高质量的调查会给公司留下工作态度严谨的好印象，给自己加分。虽然会累一点，但是对于以后在公司的发展非常好。

李小姐听后顿时觉得张女士说得很有道理，认识到自己采用的方法确实存在这方面的问题。所以，她很感激张女士的及时总结，因为离工作结束的时间还有一段日子，她还来得及更正自己的错误，不至于造成很严重的后果。

于是，李小姐马上向自己聘请的大学生们说明：公司对于所有递交上来的调查问卷都会做一个补充调查，即根据消费者填写的联系方式联系他们，再次调查他们平时的消费习惯，以防止有人滥竽充数，只求交上来的问卷数量达标而不问其他。

果然，这个方法有效地防止了滥填问卷的现象。虽然交上来的问卷数量大大减少，但补充调查的结果显示，这些问卷的质量都很高，它们真实地体现了化妆品消费群体的消费意向，对公司有很高的参考价值。

完成这项工作之后，李小姐受到了公司的表扬，她通过这次机会也向公司展现了自己的才华，得到了公司高层的注意。因此，她非常感激张女士的帮助和总结评价。而张女士也很高兴手下又增加了一员能干的小将，对自己及时总结的效果十分满意。

【支招】

人生活在群体中，由于信息的不完全和沟通的不彻底，或是因为主观的喜好而产生偏见是客观存在的。如果一个企业长期存在着这种现象，就可能会影响到团队精神的建立，不利于企业的发展。而如果员工对领导存在偏见的话，对于企业的发展和形象等均会造成打击。

1. 分析导致偏见的原因

如果员工对领导存在偏见，领导首先要分析导致偏见的原因，这样才能解决根源问题。员工对你产生偏见，有可能是你的处事风格员工不适应。人都有各自的喜爱，有的人喜欢接受明确的目标和任务的每个细节，有的人则不是这样，他们往往觉得如果主管吩咐得过于详细是对他们的不信任，所谓众口难调。因此，你最好做到量才而用，对不同的人施以不同的风格，以免因风格上的不适应问题而使自己与员工关系不融洽。

也有可能是由于员工自身的原因。可能你的做法是正确的，是有利于公司发展的，但由于员工存在着某些不好的习惯导致其不适应而产生了偏见。在这种情况下你就应该具体分析了。人总有缺点，关键是看该员工的缺点是否影响了公司的利益，如果不是，那么可以容忍。聘用一位员工就是要最大限度地发挥他的优势为公司服务。作为一位主管你应该多交流，与员工取得最大可能的和谐。当然如果这种偏见的根源是主管你自身的缺陷，那么你就必须努力纠正。主管一定要有良好的德行和品质。否则你很难在你的员工中形成一种魅力而使你的管理得心应手。

2. 包容员工的偏见并及时解决

如果看到李小姐的失望和不满之后，张女士采用强势的态度直接命令李小姐去做，那么李小姐对张女士的偏见便会加深。而且李小姐所做的调查得不到公司的认同其自信心会受挫，张女士栽培员工的任务也会失败，不得不找时间再对李小姐进行试炼。这样对公司的财力、人力和时间等都是一种浪费；对于公司、张女士、李小姐来说也是一种损害。可是案例中的张女士情商很高，在看到不满之后即刻做出反应，包容员工对自己的偏见，并向新进公司的员工解释这样做的原因，即刻消除误会，既解决了问题，又给自己增添了一员小将。

3. 及时总结员工表现，帮助员工成就自己

要管理在天上翱翔的风筝，管理者除了要抓关键点这根风筝线以外，还要手握"及时总结员工表现"这个线圈，才能更完美地达到"风筝式管理"的效果。

管理者在决定对员工放手之后，主要的管理任务就变为"控制"。紧扣事先定下的工作目标和进度要求，放手而不撒手。

管理者放手管理的主要目的，就在于激励员工为实现整体的工作目标而承担更多的责任，付出更多的主动性。现代的机关、企业、公司和社会团体等组织都是一个统一的整体，它们的局部就是每一个员工。员工与组织之间、局部与整体之间都是密切联系着的，它们互相影响，相互促进。任何员工出现的问题都直接影响着组织的利益，局部的偏差将决定整体目标能否顺利实现。而管理者的根本任务就是保障整体目标的实现，细化到局部就是保障每一个员工的工作能够顺利有秩序地进行。

因此，放手之后的管理者就要把主要精力放在员工的工作发展和全局之上。观察他工作的过程，及时掌握变化趋势和产生的新情况；发现自己决策或员工执行中出现的偏差、矛盾和问题，并对可能出现偏离目标的一些现象进行协调和修正。

当员工得到分派的任务之后，他们具体如何制定工作计划、如何安排工作进程、采用什么方法来做，都是他们分内的事情，应该得到尊重，管理者最好不要事无巨细地过问。而应该关注员工能否按时或提前完成任

务，以及完成任务的质量如何。此时管理者所做的关于员工工作表现的总结，就体现了一种引导的作用，能促使员工更好地开展工作，完成任务。

这一点，案例中的张女士就做得非常不错。

不管在什么情况下，作为领导都应该亲善和富有忍耐精神，自身多做努力，打破僵局，建立一个和谐、轻松的氛围。这不仅有利于公司，也有利于自己开展工作和心情舒畅。

如果领导关心员工却不得法，怎么办？ 🔍

>>【案例】

　　林总作为一家上市公司的领导，知道员工与自己就是水跟鱼的关系，谁离了谁都不会有好的发展，所以想要关心一下自己的员工，给员工塑造一个好的印象，增加员工对公司的忠诚度。可是由于他平素比较严肃，忽然之间下到基层关心员工，反而让员工惴惴不安，担心自己是不是哪里出了问题，老板想开除自己才这样做。见了林总都战战兢兢的，这让林总很苦恼。

【支招】 ✒

　　很多公司领导想要关心员工却不得法，不是太过严肃就是太过温和，不是忽然之间让员工受宠若惊，就是让员工困扰重重，无法达到预期的效果。所以，领导关心员工，想要员工对自己的公司忠诚，需要方式方法。

1. 关心员工需要循序渐进

　　对于很多员工来说，领导是高高在上的存在，很多大公司更是如此。如同案例中的林总，平素很少接触员工，忽然之间到基层关心员工反而让员工惴惴不安，认为公司有什么大动作，领导才会突然之间做出这种举动。因此，领导想要关心员工，需要和风细雨、循序渐进。比如组织公司聚餐，自己出席，跟员工聊聊天然后离开，既给员工留下了平易近人的印象，又给员工充足的放松时间，让员工自在地聚餐；或者可以根据公司的情况适当给员工增加一些其他福利，比如深造、进修、职业技能培养等，让员工感受到公司领导是真的在尽心尽力地培养他；也可以在员工跟自己打招呼的时候和蔼一点，慢慢改变自己在员工心目中的形象。

2. 与员工随时保持联系

无论是设置信箱还是邮件留言，公司领导最好与员工保持联系，可以谈工作，可以谈理想，可以谈日常生活，总之要让员工知道，联系是你在投入宝贵的资产——时间。这样，员工也会体会到领导对自己的关心，给领导、公司以回报。而且，经常联系会使员工遇到重要问题就找领导商量，向领导寻求帮助，这样对于增加员工凝聚力、向心力和让员工无后顾之忧的为公司服务有很好的作用。同时，在与不同类型的员工交流当中，还能加深自己对于管理的领悟，并能获悉单位内部发生的大事小情，增加对于公司的掌控力和发展方向的把握。

3. 努力营造一个开放、宽松、支持性的成长氛围

领导要在感情上关心员工，事业上支持员工，努力营造一个良好的成长氛围。这样，当员工出现职业心理问题时不会有太大的精神压力和太多的精神负担，从而为克服心理问题在情绪、情感上做了保证。

4. 实行员工参与管理，激发员工的自我发展需求

许多管理学者认为，员工的自我发展需求是员工专业成长的动力。作为组织，应强化参与管理，赋予员工更多的自主权和自由度，给员工提供

展示自我的平台，改革绩效评价体系，激发员工的自我发展需求，很好地解决员工在成长中由于厌倦、自卑等因素造成的心理问题。

5. 通过多种渠道和方式，关注员工的成长

职业心理问题千差万别，企业应该通过调查研究，了解不同个体在专业发展中存在的具体问题，对处于不同年龄阶段、不同成长阶段的员工有针对性地采取学习、培训、提高的方式，帮助每个员工健康发展。

事实上，虽然领导在关心员工的时候耗费了一定的时间和精力，但是员工回馈给领导和公司的有可能会更多，那些都是无形的效益。比方说，员工感受到领导的关心之后，会更加努力地工作，更加忠诚于公司，更加为公司的发展而尽心尽力等。就如《共产党宣言》里所说的，"在那里，每个人的自由发展是一切人的自由发展的条件"。虽然这是一种理想境界，但是作为领导应该尽力给员工塑造出了这种企业文化，让每个员工都能充分地发挥创造力，达到一种心灵的饱满状态，从而也将企业不断推向新的高度。

第八章

如何管理新员工

　　如何管理新员工尤其是应届毕业的大学生，是每家公司都要面临的至关重要的一环。因为新员工们对于公司而言，如同白纸一般，为他们着什么墨，或者教他们如何着墨，他们便会顺着这个方向走下去。因此，对新员工进行正确的管理对于公司的发展和后续的员工管理工作是十分重要的。

如果新员工认为自己名校毕业而不可一世，怎么办？

≫【案例】

某公司领导言先生因业务发展的需要要新聘一名员工，在没有学历但是有实践经验的小肖和高学历没有实践经验的小李之间，言先生觉得还是高学历比较好，有了基础公司再给他实践，效果会更好，于是新聘进小李做外贸工作。小李是国内某知名大学国际贸易专业毕业的高材生，刚进公司非但没有谦虚好学，反而仗着自己是名牌大学毕业的，对公司老员工的工作方法提出各种意见，不可一世。后来言先生发现，被他看好的小李仅仅是有过硬的文凭而已，工作起来眼高手低，居然连一些最基本的行业单据都不会填。这让言先生认识到，招聘中单凭学历是不能说明一切的。

【支招】

在当下的人才市场和招聘会上，用人单位纷纷打出"谢绝假证"的标语，让应聘者们触目惊心。与之相对应的，是城市的公交车站牌、建筑物的外墙上办证的小宣传单铺天盖地。大到学历证书、毕业证书，小到职业资格证书、技能证书，只要需要，一个电话打去即可办妥，似乎已经成为都市人见怪不怪的现象。所以在招聘的时候，招聘人员要细心鉴别。除此之外，招聘人员还要真正认清学历的作用。

1. 招聘时不迷信文凭

迷信文凭几乎是全世界范围内领导的通病。西方诸国公司领导爱用著名学府的毕业生，认为他们能力超群，是未来的高级顾问和总裁的最佳人选。东方诸国更是如此，中国人自己已经深有体会。一如案例中的言先生，迷信小李的文凭，导致自己没有招到合适的人才。

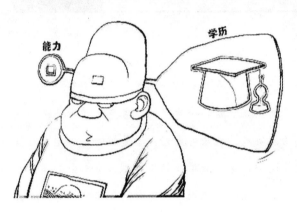

其实，文凭所能代表的不过是员工曾经在某学校学习数年并顺利毕业，它不能说明员工具备了某方面的专业技能。机械专业的研究生不见得就能参与汽车制造技术的研发；专业就是市场营销的员工也不见得能胜任公司业务推广的工作。

2. 招聘时不求最好，但求合适

企业招聘是为了寻找与企业、团队、职位所匹配的高端人才，除了学历、技能、经验的匹配之外，更多应关注发展目标、价值观、思维方式、沟通风格的匹配。案例中的领导招聘只是关注了学历和经验两个问题，而没有关注其他，导致招聘失败也在情理当中。

另外，企业招聘用人的一个重要目标就是使团队的结构达到最优，这样才能产生最佳的绩效与最好的工作氛围，包括团队成员在能力、经验、性格、年龄、性别、专业、思维、资源等方面的最优搭配。企业真正所需的人才可能不是最优秀的，而是最合适的。

3. 通过做事剖析员工的为人

如果想要招到好的员工，这是非常重要的一点。在看做事之前，首先要看做人。因此，在面试的过程当中招聘人员不仅要从理性、做事的角度，更要从人性的角度做出分析判断，包括个人利益、在各方关系中的价值与影响力、情感偏好等因素。人是最复杂的高级动物，有形的东西普通人都能看得到，无形的东西才是最为真实而难以探测的，也是最有价值的。在面试中，需要用心思考这些隐形层面的问题，并灵活运用才能把握人才最原始、最真实的脉动，真正读懂人性和人心。

4. 了解不可一世的员工的心理

因为自己高学历不可一世的小李之所以这么骄傲，有可能是想借此来证明自己的地位，这就是说，他想拥有被人尊敬的地位。作为公司领导，要了解他这种心理，让他明白，只有懂得与人相处而又掌握了技术的人，才会被人尊重。真正会被人尊重的人都是虚怀若谷的，而不是不可一世伪装出来的。

5. 通过潜移默化影响员工

要让小李这样不可一世的员工明白，光有学历不代表一切，真有本事，能搞定工作和人际关系，才算硬道理。可以让他多跟公司业务能力强的人接触，潜移默化地影响他对工作的态度，使之发生改变。

如果新员工因为没有经验陷入自卑，怎么办？

>> **【案例】**

　　某涂料公司的总裁刘先生一次去主管会计的办公室，发现会计室忙得一个人恨不能掰成两个人用，所以决定招聘新会计。会计主管立刻着手招聘，后来经过面试，小丁顺利进入公司。由于小丁刚刚大学毕业，没有任何的工作经验，所以在工作过程中难免出错，在主管三番两次的批评下，小丁陷入自卑，觉得自己干什么都不行。

【支招】

　　有人骄傲就有人自卑，像小丁这样的新员工，来到一个新环境本身心理承受能力就比较脆弱，再碰上财务主任这样的上司，出错之后不会引导员工找出出错的原因并鼓励他改正，只是一味批评，必然会给新员工带来不小的心理压力。

1. 让新员工了解公司，培养员工的认同感

　　新入职场的员工如同小丁一样，有可能对于新工作的意外事件感到胆怯，再加上主任的训斥，更容易让他坠入自卑的深渊，觉得自己做什么都力不从心，从而否定自己。领导要明白，对新员工影响最大的是刚参加工

作时遇到的领导及老员工。所以首先要指定老员工或直接领导对新员工进行入职辅助，帮助新员工了解公司，培养新员工的认同感。具体做法可考虑讲述公司发展史、介绍公司简介、员工行为规范与职业行为准则、工作时间以及假期管理、薪资管理与员工福利、奖惩制度、财务制度等。只有了解这些之后，新员工才会了解公司的发展、公司的理念，从而增加自信感，让个人的行为与公司的理念达到一致，自信地迈出进入新公司的第一步。

2. 及时培训中层管理者，让其改变管人的方式方法

案例中财务主任作为公司的中层管理者，员工出错却只知道一味训斥，不知道解决之道，说明他不具备中层管理者应该具备的管人管事的水平，仅仅是工作能力比较强而已。所以为了避免他所管理的部门一直接连不断地出现这样的问题，领导需要对他及时进行培训，改变他管人管事的方法，让他成为一个能帮助员工上进的、合格的中层管理者。

3. 解决新员工工作上面的问题

指定直接上司或老员工带领新员工熟悉自己的工作以及工作环境，展开必要的工作培训以及帮助新员工认识公司的同事，开展各种形式的交流活动，督促老员工和上司给新员工留下良好的印象，这样新员工才能安心在公司待下来，不自卑、不自傲，做好自己的本职工作。

4. 告知新员工公司的激励制度

适当、明确并且公平的激励奖赏制度能在很大程度上提升新员工的工作积极性。促使新员工主动寻求解决工作困难的方法，让他们更加愉快地参加到工作中来。

5. 鼓励新员工把心里话说出来

要鼓励新员工说出自己的想法——不管是否合理。知道员工心里真正的想法，才能从根本上解决矛盾。所以企业应当持包容的态度对待新员工对公司的各种态度，而应届大学毕业生又恰恰是没有任何工作经验又自认为自己会做好一切工作群体，一旦不被认同，势必会引起问题或矛盾，自卑也是其中一个。

应届大学毕业生初次参加工作会有很多方面的困难和不适应，公司应该着力去了解所招收的新员工，并在不违背公司大部分员工利益及公司制度的前提下，站在新员工的角度为新员工营造一个愉快、合理、有前景的工作环境，帮助他在公司快速成长起来。

当然，除了领导自身努力之外，也要让新员工看清自己身上的问题，只有让新员工看清问题，从自身寻求改变的方法，好好熟悉工作，迎头赶上，才能解决根本问题。

如果新员工不严格要求自己却期望得到宽容，怎么办？

>> 【案例】

公司招入了几名新员工，都是没有任何工作经验的应届毕业大学生，生怕在工作中犯错，可是往往有时候越害怕犯错越容易犯错。其实，工作中犯错对于新员工来说是不可避免的，本没有什么大不了的，但有几个新员工犯错之后不仅不严格要求自己改进，反而期望得到宽容，总是抱怨说："我才上几天班啊，出点问题是当然的。""我才来这里几天啊，做错事也是可以原谅的吧？""我刚出学校，对有些事不懂，有些操作不规范也是正常的嘛。"作为新员工，犯些小错是可以被原谅的，但是这种期望宽容的心态却是不可原谅的。

【支招】

"我才上几天班啊，出点问题是当然的。""我才来这里几天啊，做错事也是可以原谅的吧？""我刚出学校，对有些事不懂，有些操作不规范也是正常的嘛。"这些是新员工在工作出错时普遍具有的心理感受。作为新人，业务不熟，犯错可以接受，但是犯错之后不思进取反而期望别人宽容的心态是绝对不可以原谅的。因为在进入公司、佩带工牌、与公司签约之后，即使是新员工也是公司的一分子，所以领导在面对这样的员工的时候，一定要找对解决方法，让员工一言一行都对得起企业的牌子。

1. 给犯错的员工一个改过的机会

任何时候都不要以"一事之成败论英雄"，这是企业管理者对自己员工的莫大激励。对于员工来说，管理者在其失败时伸出援助之手，比在他成功时用两只手拍出的掌声更容易让他感动。虽然人类都有规避错误的本能，认为正确、完美才是对的，可是年轻人毕竟年轻，有失败的资本，失败可以让他们走向成熟。所以，在新员工犯错之后，管理者不要一味苛责，最好以宽容之心原谅员工的过失，并给予其改正的机会，如此才能激发他们的责任心，不仅利于员工自身的发展，也利于企业的生存和发展。

2. 明确断绝员工犯二次错误的可能

虽然鼓励企业管理者在新员工犯错之后首先要做的是原谅，但是这并不是企业"自由主义"和"无政府主义"的倡导，更不是要颠覆企业制定的各种规章制度。相反的，如果员工在工作中出现过失，企业当罚则罚，最忌拖泥带水。但是与此同时，必须支持和谅解"合理的错误"。这样，一方面可以给那些没有犯错误、但也没有业绩的员工敲起警钟，另一方面可以避免或减少有错误、有缺点的开拓型人才犯错。最后，管理者要向员工重申自己的宗旨和团队目标，告诉员工："你犯过的错误都属于你的工作成绩，但是你要记住，犯一种错误的机会只有一次。"一定要让员工明白，一个人犯第一次错误叫无知，第二次叫愚蠢，第三次叫故意。

3. 掌握好可以原谅的界限

给员工一个改过的机会和断绝员工犯二次错误之间有一个很难掌握的

界限，即什么样的错误是可以原谅给一次机会的，什么样的错误是坚决抵制，不可原谅的。

作为管理者，在面对违法、违背职业道德的员工时，断不能容忍和姑息，要坚决将其开除或者交由司法机关处理。剩余的其他的错误则可以给员工机会，帮助员工改正。

4. 冷静地检讨一下自己

作为公司的管理者，一旦员工出现问题不要一味苛责，而是要先冷静地检讨一下自己，如果其中有自己的原因存在，则先改正自身的错误再去正确地引导员工。如果完全是因为员工个人的疏忽导致错误，最好约见员工单独会面，冷静地分析整件事情，告诉他错在什么地方，快速做出合理的处理决定，再与员工一起研究犯错的前因后果，并鼓励员工以后多多与自己磋商。

如果新员工进入公司认为培训不合理，怎么办？

》》【案例】

新员工刚刚进入新企业必然面临新的挑战，无论是战略、产品还是同事、上司等都需要重新磨合。小童作为一名新员工，刚刚进入公司除了要面临这些挑战之外，更要接受公司的培训。可是培训一天之后，小童却觉得公司的培训有明显的缺陷，大而空，只注重讲公司的企业文化、注意事项、辉煌业绩等，却忽略了如何开展工作、职业规划等比较长远而实际的内容。

【支招】

在进行新员工培训的时候，讲企业文化、注意事项非常重要，因为这可以让员工在了解企业的同时尽量减少以后犯错的概率，但新员工培训更多地还是应该讲述如何开展工作，并帮助员工进行职业规划，这样才会让新员工在初入公司不至于那么迷茫，从而迅速对新公司产生认同感，让新员工感觉有奔头。培训新员工可以从以下几方面着手：

1. 帮助新员工明确责任和权力

对于新员工而言，他们刚刚进入新企业时需要面对企业的战略、产品、同事、企业文化等所有新鲜而陌生的东西，往往有种进入森林迷失方向的感觉。因此，在新员工培训的时候，首先就要让其明确自己的责任和权力，如此才不会那么迷茫，迅速在企业找到归属感。

2. 帮助新员工熟悉公司、提升自我

新员工入职培训系统性项目既要培训岗位所需的基本技能，还要考虑员工短期发展和长期发展，因此要系统地设计培训课程，使之整体化、系统化。这样员工就不会感觉入职培训大而空了，反而会在公司的帮助下通过有效培训使自己的能力、技能得到更加精确的提升，不仅能快速适应岗位需要，还能提升自我，更好地为公司服务。

3. 重点培训新员工的两方面

第一，培训意志。意志培训形式主要可以通过军训来施行，即通过军训培养新员工吃苦耐劳的精神、朴素勤俭作风和良好的团队协作意识。军训时间的长短可以根据企业实际情况和新员工的具体情况来综合决定。否则时间短了达不到应有的效果，时间长了又招致员工的疲倦厌烦，浪费企业成本。

此外，在军训期间可以利用晚上时间结合企业实际情况开展演讲竞

赛、辩论赛、小型联欢会等，如此一来既能加强新员工之间的熟悉、交流，也能为企业发现些优秀人才。

第二，培训认知。认知培训主要包括企业概况、企业主要领导介绍、企业制度、员工守则、企业文化宣讲等内容，学习方式实行集体培训，主要是帮助新员工全面而准确认识企业、了解企业，从而尽快找准自己的企业定位。

认知培训的时间最好为 2 天，由管理者带领新员工参观公司工厂或代表性的地方，并安排座谈交流会，帮助新员工加强对公司的认识和理解。

4. 各级管理者明确自己的培训职责

人力资源部门的管理者在培训期间需要做的工作主要是：第一，制定计划内容，包括做好时间安排、培训课目、主讲老师、培训教材、培训地点、培训纪律、培训考试及培训效果评估等；第二，要制定好全部入职培训内容，包括企业文化、基本规范、消防安全、工作礼仪、工作技巧、工作心态等；第三，要组织协调审核培训教材、跟踪培训纪律、安排培训老师、管理学员、组织考试、考核培训效果以及总结培训经验等。

基层管理者在培训期间需要做的工作主要是：第一，掌握新员工入职培训的全部内容，以便在与新员工见面的时候随时做好带领新员工参观公司、回答问题等工作；第二，在生活上关心新员工，帮助新员工尽快熟悉单位或者部门，与同事尽快熟悉起来；第三，了解公司用人政策，以便与培训主管口径保持一致，以免让新员工因为主管说法不一而无所适从。

人力资源培训师在培训期间需要做的工作主要是：第一，按公司指定教材制定讲义，关于公司的制度、规范以及流程教材，在上课前需要征得培训主管审核通过后才能实施；第二，了解新员工拟分配岗位，以便有的放矢地调整讲课案例；第三，准备所讲课目考试题、参与监考并负责阅卷判分等；第四，尽量保证每一位新员工都测评合格。

5. 培训新员工的几种常见方法

第一，讲授法。此种方法属于传统培训方式，优点在于运用起来比较方便，便于培训者控制整个培训过程。缺点在于信息传递反馈比较单向，反馈效果比较差，常被用于理念性知识培训。

第二，讨论法。此种方法可以分成一般小组讨论与研讨会两种方式，优点在于信息多向传递，与讲授法相比反馈效果比较好。缺点在于费用较高。

第三，案例研讨法。此种方法通过向培训对象提供相关背景资料让其寻找合适的解决方法，优点在于费用低且反馈效果好，能有效训练学员分析解决问题的能力。案例研讨法用于知识类培训项目效果更佳。

第四，视听技术法。此种方法是通过现代视听技术，如投影仪、DVD、录像机等工具对员工进行培训。优点在于运用视觉与听觉感知方式直观鲜明地向新员工介绍公司的所有情况。缺点在于制作时间较长，购买成本较高，培训内容也比较偏向概念化等。

如果新员工不懂工作礼仪，怎么办？　🔍

》【案例】

小杨刚进公司，每天都穿得非常时尚而靓丽，有些时候着装甚至不适合上班时间穿。每当小杨穿着特别凸显身材而稍嫌暴露的衣服上班时，都会成为公司男性员工眼球追逐的对象，同时也成为女员工嫉妒批评的对象。公司领导为此专门找小杨谈话，告诉她这样不适合工作的穿着不仅容易导致办公室同事关系不和，还容易给客户留下浮夸、不值得信赖的印象。

【支招】

像小杨这样不懂得在工作场合如何穿衣的做法，实际上是很多新员工的通病。作为新员工，不懂得工作礼仪也很正常，毕竟很多人没有经过这方面的培训或者没有这方面的经验。因此，帮助新员工学习并遵循职场一系列礼仪规范，既能提高员工自身的素质，又能塑造、维护公司的良好形象。

1. 制定女性员工着装原则

第一，要求女性员工遵循不露点原则。首先，不露肩，要求女性员工在商务场合不穿吊带裙、无袖裙等；其次，不露膝，要求女性员工不要穿太短的裙子，尤其是太过短小的短裤；最后，不露脚趾，要求女性员工在工作场合不要穿露脚趾的凉鞋，更不要穿颜色太过艳丽的丝袜等。

第二，要求女性员工规避职场着装禁忌。首先，过分透视、鲜艳、暴露、短小、杂乱、紧身的衣服都不宜穿着。其次，指甲不能过长、指甲油颜色不宜过分鲜艳；妆容、香水味道不宜过浓；不宜佩戴过多的珠宝首饰等。

2. 制定男性员工的着装原则

第一，要求男性员工遵循三色原则。三色原则一直以来都是男士着装礼仪中所重点强调的内容，主要指男士身上的色系不应超过三种，很接近的色彩视为同一种。

第二，要求男性员工遵循有领原则。有领原则即正装必须是有领的，无领的服装如T恤、运动衫一类的衣服不能称之为正装。男士正装中的领通常体现为有领衬衫。

第三，要求男性员工遵循纽扣原则。绝大部分情况下，正装应当是纽扣式的服装，拉链服装通常不能称为正装，某些比较庄重的夹克事实上也不能成为正装。

第四，要求男性员工遵循皮带原则。男士的长裤必须是系皮带的，通过弹性松紧穿着的运动裤不能成为正装，牛仔裤自然也不算。

第五，要求男性员工遵循皮鞋原则。正装离不开皮鞋，运动鞋和布鞋、拖鞋是不能成为正装的。最为经典的正装皮鞋是系带式的，不过随着潮流的改变，方便实用的懒式无带皮鞋也逐渐成为主流。

3. 制定员工卫生原则

要求员工在职场上遵循卫生原则，包括体味、身体清洁、着装清洁、指甲、头发长短等都要以清洁、大方、简单为度。头发染色不宜太过鲜艳，男性员工头发不宜过长等。

4. 培训员工迎来送往的基本礼节

第一，培训握手礼仪。在职场中，男女之间握手并不一定只握手指式，否则可能给人不热情、不重视的感觉。要想优雅、绅士地握手，需要掌握一些小技巧。比如握手双方距离以 1 米为宜，太近容易显得咄咄逼人，太远又会显得傲慢和清高；要目视对方，眼睛是心灵的窗户，目视对方不仅能够表现对他人的尊重，还能通过对方的眼睛了解一些信息，因此切忌握手时心不在焉；要面带微笑，微笑表明的是一种友好的态度，为和善的沟通和交流做基础。除此之外，还要注意双脚并拢、弯腰欠身、掌心相对、力度适中等。

第二，培训员工的称呼礼仪。首先，注意称呼的分类，如职务类的林处长、李经理、王主管等职务称呼，吴教授、李博士、杨老师等学术称呼，郭女士、刘先生等泛尊称，张三、李四等姓名称呼等；其次，注意称呼的原则，如遵循"就高不就低"的原则；最后，在进行自我介绍或称呼他人时，应放慢语速，咬字清晰，避免出现尴尬。

第三，培训登门拜访的礼仪。要登门拜访客户等，首先，要注意时间，提前预约；其次，要递送名片，自我介绍；再次，要言语谦和，克制吸烟；最后，要避免争论，及时告辞。

第四，培训与领导同行时的礼仪。只有自己和领导两人时，可以并肩而行。如果除自己和领导外还有其他人，则应遵从前后顺序，领导在前面右边的位置。如果有三个人同行，领导居中，其次是右边，再次是左边；如果男士与两位女士同行，男士在最左边。

第五，培训员工接待礼仪。首先，来客有迎声。要主动接待公司来客，如"您好，请问您找哪位？""您好，请问您是？""您好，请问有什么可以帮您？"等；其次，来客咨询要迅速回答，如"好的""马上""行""可以""没问题"等；最后来客走时要有送声，如"再见，请慢走，欢迎下次光临。"等。

第六，培训员工的热情周到。首先，目光要恰当，做到不躲闪、不逃避、不斜视、不藐视、不偷视、不俯视；其次，与人交谈时尽量讲普通话；最后，表情要恰当，即要做到谦和、温和与随和。

5. 培养员工的办公礼仪

办公礼仪中最常用的就是5S管理。5S管理即整理、整顿、清扫、清理和素养。整理是把要和不要的东西进行分类，丢弃不要的东西，保管要的东西；整顿是保证物品摆放整齐有序；清扫是指定期进行大扫除，保证工作场所的干净明朗；清理就是保持整理、整顿与清扫无污染的状态；素养是指人要按章操作，依照公司制度办事，养成良好的习惯。

6. 培养新员工的职业态度

成功学大师拿破仑·希尔认为，成功和失败的差别就在于成功者有积极的态度。相比能力来说，人们往往更看重对工作的积极态度。不是说能力不重要，而是相对能力来说，积极态度更重要。态度有了，一切都有了，因此对于新员工来说，职业态度是最为重要的一种工作礼仪。

如果新员工对同事关系不适应，怎么办？ 🔍

>>> 【案例】

越来越不适应……

小小是一个性格比较内向的人，刚上班不久，不太会跟别人亲近，也不太喜欢恭维人，所以跟公司同事相处得都淡淡的。不像同时进公司的王小姐，开朗活泼而且特别会说话，跟同事在一起的时候都是热热闹闹的，这让小小越加不适应同事关系，感觉自己离大家越来越远。

【支招】 🖊

一直以来，人们把帮助新员工尽快适应新环境的过程称做"新员工上岗引导"。一般来说，新员工上班的第一天，将从熟悉办公区域、基础设施或设备开始。随即，通过正式或非正式的新员工上岗引导活动了解公司的政策、制度及其他具体事务。

但是，如今的新员工上岗引导活动已不再是一个单个的事件，而是成为一个更大流程中的一部分，这个流程常常称为入职。一些人认为入职不过是新员工上岗引导的一种新鲜时髦的说法，但是，对于企业来说，的确可以通过这次机会，帮助新员工顺利走上工作岗位，让他们乐于成为这个大家庭中的一员。这一过程也被人力资源专业人士称为其他名称，如配置、同化、整合和过渡。因此，公司管理者要及时发现新员工存在的问题，并及时解决，以保证公司氛围融洽。

1. 让新员工感受到春天般的温暖

人是社会性动物，需要群体的温暖。企业关爱员工，反过来员工就会关爱企业。像是小小这样性格比较内向或者比较木讷不会说话的员工不在少数，如果公司有这样的员工存在，一定要善于表达公司对他们的关爱。除了对于工作环境的布置等，还要注意多举办一些团体活动，帮助新员工尽快与公司老员工熟悉起来。

2. 帮助新员工缓解焦虑

小小长期不适应同事关系，会让其觉得越来越焦虑。因此为了避免这种情况出现，要帮助每一位新员工尽快融入企业。为新员工准备一个欢迎会就是很好的方法。迎接第一天到企业的新人，让他们感觉像回家一样，可以让新员工迅速对企业产生认同感，对老员工产生融洽感。

具体做法可以提醒前台或门卫，有新员工即将到来，要确保这位新员工受到热情的接待；如果作为企业管理者的你有时间的话，可以亲自引导新员工到他的工位或办公室，亲自向团队中的所有人介绍新员工，让新员工觉得领导重视他、老员工接纳他；给新员工一份企业的通讯录，包含所有人员的姓名、电话和职务信息，帮助他迅速了解公司的人员情况；在第一天安排一次聚餐，嘱咐老员工与新员工多多交流。

3. 重视员工的意见和建议

作为企业管理者，要重视新员工的意见和建议，营造敞开心扉的气氛，鼓励员工提出问题，发表观点。像小小这样的员工，要尽量鼓励她开口说话，培养她独立自主、充满自信的个性。比如可以定期抽时间开员工会议，准备好茶水和各种小零食，放下架子与员工进行深入的交流，鼓励大家畅所欲言；可以开设匿名信箱，鼓励大家将想说的话写下来反馈给自己，以倡导自由灵活的沟通机制。

第九章

如何管理兼职员工

　　兼职人员是公司的后备补充力量，如果培养得好，对公司而言如同全职员工一样，同样有着不可估量的作用。因此，对兼职员工也要认真对待，让他们成为你的忠实拥护者，为自己，也为你认真而努力地工作。

如果兼职员工总是催工资，怎么办？　🔍

≫【案例】

小王任职于某家医疗网站，由于每天都要发表大量的医疗文章，公司人员忙不过来，所以公司委派他招聘了一部分兼职人员，以此来保证文章的发布量。不过最让他感到头疼的是兼职员工总是三不五时在催要工资，让他每每解释的都很疲惫。

【支招】

1. 按时发工资

工资按时按量发放，这一点无论是对全职还是兼职员工来说都非常重要，因为只有守信守时才能给兼职员工以信任，让兼职员工不再时时刻刻、随时随地催工资。有的公司在给兼职员工发工资的时候会一拖再拖，虽然到最后也发了，但兼职员工对公司的信任已经不存在了。

2. 制定兼职协议

在招聘兼职员工之前，一定要制定兼职协议，如此一来什么都在协议规定范围内，按章办事，解释起来比较容易、比较有说服力。

兼职协议范本可以参考如下：

兼职协议

甲方：_____

住所地：_____

法定代表人：_____

联系方式：_____

乙方：_____

身份证号：_____

住所地：_____

联系方式：_____

工作单位/学校：_____

鉴于乙方现在属于兼职人员，乙方无法也不愿意与甲方建立劳动（合同）关系。甲乙双方经平等协商，共同决定建立劳务关系。因此，本协议不在《中华人民共和国劳动法》调整范围内，而在《中华人民共和国民法通则》的调整之中。甲乙双方在明确这一法律关系的基础上，根据《中华人民共和国民法通则》《中华人民共和国合同法》等有关法律法规，甲乙双方本着友好合作的精神，在自愿、平等、协商一致的基础上，签订本协议。

第一条　工作内容及期限

1. 甲方聘用乙方为甲方_____，负责_____。

2. 协议有效期限为_____个月，自_____年_____月_____日至_____年_____月_____日止。

第二条　乙方的权利

1. 乙方在甲方任职期间，甲方于每月_____日支付乙方税前劳务费_____元/月（_____元/小时）。甲方负责代扣代缴个人所得税（按照劳务所得代扣代缴）。在履行本协议期间如有劳务费调整或变化，则调整后按新标准执行。乙方的社会保险及其他福利由乙方所在单位承担或自行解决。

乙方个人银行账户信息如下：

姓名：_____

开户行名称：_____

账号：_____

乙方需将个人的银行账户信息填写正确、完整，若由于乙方未按甲方的要求填写或填写的信息错误，由此所带来的损失均由乙方自行负责，与甲方无关。

2. 甲方为乙方提供符合国家规定的工作环境和条件。

3. 甲方承诺按照合同规定每月或按时按件给员工发工资，若有突发情况会及时通知乙方，向其做出解释。

第三条　乙方的义务

1. 乙方保证其为甲方提供本协议项下的劳务不违反其对其工作单位或其他主体的法定或约定义务，不会导致甲方因此而遭受损失。乙方应当提供相应证明（包括但不限于劳动合同、保密协议、竞业限制协议）。

2. 乙方承诺，无论乙方是否与第三方存在劳动关系，本协议属于劳务协议，在任何情形下均不得视为劳动合同，双方不存在劳动关系。

3. 乙方保证其提供给甲方的有关资料真实可信，不存在任何虚假或捏造等任何有违诚信的行为。

4. 乙方应严格遵守国家有关法律法规，讲求职业道德。

5. 乙方在本协议有效期内，应当接受甲方管理，认真完成甲方交付的工作任务。由此产生的知识产权归甲方所有。

6. 甲方有权根据工作需对乙方工作进行安排和调整。乙方必须按照甲方的工作要求，尽职尽责的做好工作，乙方应遵守甲方企业或部门制定的劳动纪律及工作规范。对于因乙方过失给甲方造成经济损失的，甲方有权要求乙方承担赔偿责任。

7. 乙方不得私自以甲方名义从事或参与未经甲方同意的任何活动。

8. 乙方本协议有效期内，不得从事或参与有损甲方利益（包括但不限于竞争关系的）任何活动。

9. 乙方因履行本协议而接触、知悉的属于甲方或者虽属于第三方但甲方承诺有保密义务的技术秘密、经营信息和其他商业秘密信息承担保密义务。除非法律、法规另有规定，劳务协议期限届满后，乙方承担保密义务的期限直到或甲方或第三方宣布解密或本文中涉及的所有商业秘密公开发布为止。

10. 乙方须向甲方提供区级以上医院进行体检的合格证明。

11. 其他诚信义务。

第四条　解除合同的规定

1. 符合下列情况之一的，甲方有权解除本协议：

（1）乙方违反本协议第三条约定的。

（2）乙方未能按照甲方要求完成交付任务的。

（3）乙方行为对甲方利益造成损害的。

（4）本协议订立时所依据的客观情况发生重大变化，致使本协议无法履行的。

2. 有下列情况之一的，本协议自行解除：

（1）乙方被依法追究刑事责任或者劳动教养的；

（2）乙方完全或部分丧失民事行为能力的；

（3）甲方企业宣告解散的；

3. 符合下列情形之一的，乙方有权解除本协议：

（1）甲方不按照本协议规定向乙方支付服务报酬的；

（2）甲方不履行本协议或者违反国家有关法律、法规，侵犯乙方权益的。

4. 甲乙任何一方提前解除本协议的，除按照本协议约定解除协议以外，应当提前_____天以书面形式通知对方。

5. 甲乙双方无论因何原因解除或终止本协议，乙方应立即办理工作交接、归还甲方财、物等离职手续。具体程序如下：

乙方离职时应按规定交还公司的手册、洗净的完好的制服等，直到离职手续完成为止，公司才发放当月工资，如离职时没有完成离职手续而离开，公司将不能按时发放员工当月的工资，直到手续完成为止；如员工不能按公司约定时间（_____天内）办理完离职手续，公司依照应扣款项、未还物品的成本价按照服务年限按比例折算予以扣除。

第五条　违约责任

1. 甲乙双方任何一方违反协议，给对方造成经济损失或不良影响的，须承担违约责任。

2. 甲乙双方承认由于违约而造成的经济损失时，视情节轻重，给予赔偿。

第六条　争议解决方式

甲乙双方在履行本协议的过程中发生的所有争议，双方应本着平等自愿的原则，按照协议的约定分清各自的责任，采用友好协商的办法解决；如果协商不成，各方同意按照第_____种方式解决：

1. 提交北京仲裁委员会，按提请仲裁时该会届时有效的仲裁规则进行仲裁。该仲裁裁决是终局的，对双方均具有拘束力。

2. 提交甲方所在地人民法院解决。

第七条 协议的生效与变更

1. 本协议经甲乙双方签字盖章后生效。

2. 本协议一式两份，甲乙双方各执一份，两份协议具有同等法律效力。双方必须严格遵守，如有未尽事宜，按国家有关规定办理。

3. 本协议条款如与国家和地方的有关法律、法规政策相悖时，以国家和地方的有关法律、法规政策为准。

4. 本协议有效期内，任何一方如有变更、终止本协议的要求，应至少提前 30 天书面通知对方，经双方协商同意，可以变更本协议的内容。

第八条 其他

1. 以下作为本合同的附件，与本合同具有同等法律效力：

（1）_____

（2）_____

（3）_____。

2. 因乙方是劳务人员，故甲方《员工手册》中仅有'公司纪律、行政处分和员工申诉'一部分适用与乙方，其他部分均不使用与乙方。

3. 本合同列明的通讯地址、电话、电子邮箱或其他联系方式均为本合同下的通知送达方式。

一方如迁址或者其他联系方式变更，应当及时书面通知对方。否则，如因联系方式变更导致有关事项通知或者文件送达延误的不利后果，应由自行变更方负责。

甲方：_____ 乙方：_____

授权代理人签字：_____ 签字：_____

签订日期： 年 月 日 签订日期： 年 月 日

如果兼职员工签了合同却不按合同办事，怎么办？

【案例】

为解决公司既有工作人手不足的问题，最近公司招聘了一批兼职人员，并且签订了兼职合同。但很多兼职员工干着干着也不通知公司一声就直接不干了，给公司兼职人员的管理造成很大的问题，让兼职人员管理者很是头疼。

【支招】

兼职员工由于不用到公司坐班，所以相较于公司固定员工来说比较难管理，如果想要解决这一问题，公司管理者最好做到以下几点：

1. 与兼职人员做好沟通

在与兼职人员签订兼职协议之后，还要做好沟通工作。向兼职员工说明具体岗位职责、兼职时间、工作部门等内容，了解兼职员工的内心想法和能力，看其是否能够胜任这份工作，或者能够长期坚持这份工作。

2. 要求兼职员工提交入职资料

录用兼职员工的时候，要求兼职人员提供如下入职资料。

证件名称	原件/复印件	数量	备注
身份证	原件/复印件	3	用于兼职聘用协议附件存档、聘用关系备案、档案存档
毕业证	原件/复印件	1	用于档案存档
健康证	原件/复印件	1	原件留公司以备相关部门查核、复印件用于档案存档
一寸白底彩照	原件	3	用于档案存档
就业失业登记证	原件	1	××户口人员需提供（非××户口不需提供）
××银行卡	复印件	1	用于工资发放（所工作城市的××银行办理）
相关专业证书	复印件	1	如会计证、驾驶证等相关技能证书

3. 加强兼职员工管理

第一，即使是兼职员工也要按照严格的招聘流程进行面试，面试通过后方可上岗，这样便于员工与公司之间进行双向了解，确定合作意向。

第二，兼职员工到岗后，申请部门领导应负责向其解释公司及本部门的各项规章制度，为其提供必要的培训，使其尽快进入角色。申请部门领导有义务督促兼职员工树立集体荣辱观，自觉维护公司及本部门的集体形象。

第三，短期兼职员工（2个月以内）离职时，视岗位实际需要，可要求其写出工作报告，对所承担工作进行系统总结，由主管人员写出评语（包括任务内容、完成情况、后续需求，该受聘人员的作用与贡献等简短记录）。而中长期兼职员工（超过 2 个月），视岗位实际需要，可要求其按工作进程写出阶段性工作总结报告，由主管人员附署工作考评。

第四，所有兼职员工对于公司的经营成果、重要信息、客户信息及相关数据等均有保密义务，利用在公司工作期间成果和数据发表的论文等形式成果必须冠以公司名称。

第五，所有兼职员工离职时需提前 7 天提出书面申请，按规定办理离职手续，交接工作及所借公物，若申请部门领导同意本部门兼职员工离职，却未要求其办理离职手续且未告知人力行政部（人力资源部）的，造成的财务损失由部门领导负责，但兼职员工未通知任何人自行离开公司的除外。

第六，公司因经营状况或业务等发生改变，须与兼职员工终止或解除兼职聘用协议的，也须提前 7 天书面通知到本人。

如果兼职员工受到公司正式员工排挤，怎么办？

》》【案例】

小丽一直利用寒暑假期间在某公司做兼职，由于需要坐班，所以与公司的正规编制员工有所交集。不过因为是兼职人员，所以小丽经常觉得公司的正式员工对其不冷不热的，觉得自己融入不了其中，感觉非常不舒服，因此，在工作上也就没有那么尽心尽力了。

【支招】

兼职员工由于是公司的非正式员工，所以与正式员工在相处上可能出现排挤的现象，融入不了其中。因此，公司管理者要摆正态度，毕竟兼职员工也是公司的一分子，也为公司的发展做出了一份贡献，因此，融洽和归属感对其依然重要。

1. 加强与兼职人员的平时感情维系

兼职人员也是公司人力资源的组成部分，公司应建立起详细的兼职人员数据库，包括他们的特长、爱好、生日等细节，在他们生日的时候及时送上生日的祝福，在节假日的时候代表公司送上问候，同时不定期地与他们打电话联系，询问近况，力所能及地解决他们的困难，以感情这个纽带加强兼职人员对公司的归属感。如果兼职员工缺少归属感、受到排挤，就容易像小丽这样，对工作比较懈怠，不再那么认真。

2. 以身作则，尊重兼职人员

作为公司管理者，最好以身作则，想办法使兼职人员融入公司的企业文化氛围。兼职人员来公司工作时，公司专职人员应给予兼职人员相应的尊重和关怀，比如中午吃饭时为兼职人员订饭等。公司每天下午都有半个小时的活动时间，可以将兼职人员拉进来一起活动，让他们感受公司的企业文化氛围，这样有助于提高公司对兼职人员的吸引力，有助于公司稳定兼职人员。

3. 加强对兼职人员业务上的指导

大部分兼职人员不管是编辑、校对还是客服等，都没有业务上的经验，是生手。企业管理者应该督促相关主管人员加强对兼职人员的业务培训，同时在第一次将工作任务交给他们时，应该将要求明确地说清楚，让兼职人员清晰地知道他们应该做的工作程序以及工作内容、工作质量考核标准等，让兼职人员感受到公司的关心。

4. 对兼职人员的工作进行及时反馈

兼职人员完成一项工作后，公司应该及时对他们的工作进行评估，并第一时间内将这个评估的意见反馈给兼职人员。如果完成的质量高，则给予鼓励；如果完成的质量达不到要求，则明确告诉兼职人员考核标准，给予工作量的减权处理。每两个月对兼职人员工作质量进行整理统计，对表现优秀者给予经济上的奖励，让兼职人员知道公司时时刻刻都将他们放在心上，在关心他们。